DRAMES
POLONAIS

D'ADAM MICKIEWICZ

LES CONFEDÉRÉS DE BAR

JACQUES JASINSKI OU LES DEUX POLOGNES

Publiés pour la première fois

AVEC PRÉFACE DE LADISLAS MICKIEWICZ

FIAT LUX LIBERTAS ERIT

PARIS

LIBRAIRIE DU LUXEMBOURG

16, RUE DE TOURNON, 16

—

1867

DRAMES
POLONAIS

D'ADAM MICKIEWICZ

LES CONFÉDÉRÉS DE BAR
JACQUES JASINSKI OU LES DEUX POLOGNES

Publiés pour la première fois

AVEC PRÉFACE DE LADISLAS MICKIEWICZ

FIAT LIBERTAS
LUX ERIT

PARIS
LIBRAIRIE DU LUXEMBOURG
16, RUE DE TOURDON, 16

—

1867

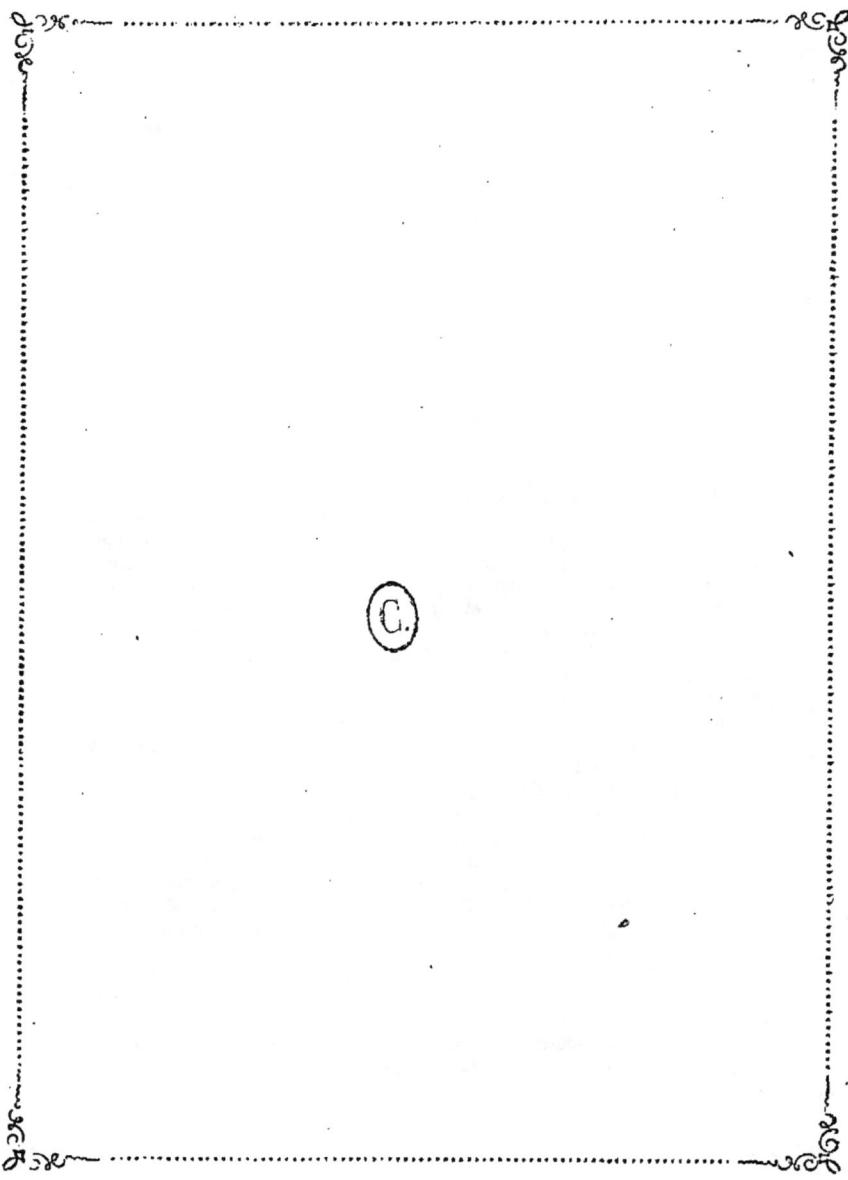

C.

PRÉFACE.

Aucune histoire n'offre autant d'éléments dramatiques que celle de Pologne. A côté de catastrophes grandioses où l'existence de la nation elle-même est en jeu, se succèdent les plus terribles épisodes domestiques. La réalité y dépasse tout ce qu'imaginerait la fiction la plus ingénieuse : le drame est dans l'atmosphère; en effet, partout le danger vous environne; la lutte, tantôt sourde et tantôt ouverte, ne s'interrompt jamais. Il y a bien peu d'individus dont la vie n'ait été ballottée par plus d'incidents que n'en réclame du théâtre le public le plus avide d'émotions. Et quelle variété de types! D'un côté, des conspirateurs polonais de toutes classes, vieillards, femmes ou enfants; de l'autre, des Russes, militaires, civils ou religieux, courtisans, bureaucrates ou espions. Le mobile des uns est l'amour de la patrie, l'idéal des autres la faveur du tzar. Les Polonais tentent l'impossible et exposent et leur vie et tout ce qui rend la vie chère à l'homme. Les Russes, nés serviles, élevés dans ce qu'un philosophe polonais a appelé *androlatrie*, c'est-à-dire dans le culte d'un homme, privés en quelque sorte des sens nécessaires pour percevoir ce qui est patriotique et généreux, poursuivent en véritables automates leur œuvre de destruction. Le sublime les irrite comme le soleil blesse la vue des oiseaux de nuit. Ils tuent les corps en Pologne pour y hâter l'avénement de cette mort morale qui, de l'aveu même de Russes, fait de la Russie un vaste cimetière intellectuel. Écoutons ce que confesse un des plus profonds penseurs de la Russie :

« On dirait, à nous voir, que la loi générale de l'humanité a été révoquée pour nous. Solitaires dans le monde, nous n'avons rien donné au monde, nous n'avons rien appris au monde; nous n'avons pas versé une seule idée dans la masse des idées humaines; nous n'avons en rien contribué au progrès de l'esprit humain, et tout ce qui nous est revenu de ce progrès, nous l'avons défiguré. Rien, depuis le premier moment de notre existence sociale, n'a émané de nous pour le bien commun des hommes, pas une pensée utile n'a germé sur le sol stérile de notre patrie, pas une vérité grande ne s'est élancée du milieu de nous; nous ne nous sommes donné la peine de rien imaginer nous-mêmes, et, de tout ce que les autres ont imaginé, nous n'avons emprunté que des apparences trompeuses et le luxe inutile... Dans nos maisons, nous avons l'air de camper; dans nos familles, nous avons l'air d'étrangers; et dans nos villes nous avons l'air de nomades, plus nomades que ceux qui paissent dans nos steppes, car ils sont plus attachés à leurs déserts que nous à nos cités... Nous sommes au nombre de ces nations qui ne semblent pas faire partie intégrante du genre humain. Aujourd'hui, quoi que l'on dise, nous faisons lacune dans l'ordre intellectuel (1). »

On voit quelle antithèse doit exister entre la société russe façonnée à l'esclavage et la société polonaise bercée dans la liberté : les contrastes se présentent d'eux-mêmes et à chaque pas. Si l'on y ajoute que les acteurs s'agitent sur l'immense théâtre d'un empire qui englobe déjà un tiers du monde habité, qu'une scène se passe sur une place publique de Varsovie, une autre dans les cachots de la citadelle de Pétersbourg, une troisième au Caucase ou sur les frontières de Chine, on avouera que l'inspiration poétique ne manque pas d'espace pour déployer ses ailes. Un esprit à la Shakespeare y trouverait, sur le trône, des Richard III heureux dont les crimes s'étalent au grand jour et qui semblent défier à la fois la justice de Dieu et le jugement des hommes. Mettre en relief ces natures perverses, sonder la noirceur d'âmes à la surface desquelles n'apparaît même pas le remords, exigerait du génie. Mais si, reculant devant la difficulté, on veut se borner au drame intime, qu'on écoute alors les récits du foyer domestique. En quelques mots, on aura le plan de drames épouvantables comme le régime russe et poignants comme la vérité. Citons deux exemples pris au hasard :

---

(1) OEuvres choisies de Pierre Tchadaief publiées par le P. Gagarin. Paris, 1862. Les *Lettres sur la philosophie de l'histoire* d'où nous extrayons ces lignes parurent pour la première fois en 1836 dans une revue de Moscou, le *Télescope*. L'empereur Nicolas, furieux de voir un de ses sujets examiner ainsi avec vérité, sincérité et douleur le bilan moral de son empire, sévit contre le censeur, contre le rédacteur de la revue et contre l'auteur de l'article dont la responsabilité était couverte par l'approbation de la censure. La revue fut supprimée, le rédacteur en chef exilé, le censeur cassé, et l'auteur déclaré fou. Il fut astreint à garder la chambre, et à jour fixe un médecin désigné d'office venait constater son état mental.

V

Un certain Migurski est déporté en Sibérie. Sa femme, originaire de Galicie, l'y rejoint. Un beau jour, son mari disparaît, on retrouve au bord du fleuve un manteau, on croit à un suicide. Après quelques mois, sa veuve supposée obtient un passe-port pour retourner en Galicie chez ses parents. Elle part avec son mari caché dans le double fond de la voiture. Le gouverneur russe, dans sa défiance, la fait escorter par un kozak soi-disant pour sa sûreté. Le voyage se prolonge à cause des fleuves débordés et du mauvais état des routes. On touche déjà à l'endroit où l'escorte va quitter, quand un choc endommage la voiture, blesse le mari et lui arrache un cri qui révèle son existence. Aucune supplication n'y fit rien. Le kozak les dénonça à la première station, le mari fut renvoyé aux mines; la femme, retombant du haut de ses espérances dans cet abime de malheurs, mourut de désespoir.

L'autre anecdote nous est fournie par les exécutions de Polonais sous l'administration du prince Paszkiewicz. On pendait sans preuves deux malheureux parce que, pour employer les formules officielles, la situation politique nécessitait un acte de vigueur. En Russie, les âmes sont dégradées au point que, tandis que dans l'Europe chrétienne le premier châtiment de l'assassin est d'être confronté avec sa victime, là-bas voir supplicier l'innocent qu'on a voué à l'échafaud, est un plaisir que recherchent tous ceux qui prononcent des meurtres juridiques. L'un des juges qui avaient décidé que le sang devait couler une fois de plus, uniquement pour maintenir le terrorisme russe, le général Okuniew, revenant de cette exécution, n'avait pas remarqué qu'en s'étant tenu trop près de l'échafaud, il avait reçu une sanglante éclaboussure. Sa femme l'aperçut et en devint folle instantanément, voyant toujours le sang sur l'habit du général. C'était en 1848. Quelques années après, le général, gagné par la folie de sa femme, était enfermé et mourait dans une maison de fous.

Mon père disait, au Collége de France, que sa chaire était la seule tribune d'où un Slave pût parler librement. Le théâtre est également condamné en Pologne, soit à vivre d'imitations étrangères, soit à écarter de ses productions originales les questions vitales qui préoccupent tous les esprits. C'est donc sur les scènes des pays libres que les drames polonais peuvent se dérouler sous la plume d'émigrés polonais ou d'écrivains étrangers. La Pologne, en dépit de la distance géographique, nous semble un champ plus naturel pour les auteurs français que l'Allemagne et l'Angleterre, malgré le voisinage. Serait-ce beaucoup s'enrichir que d'emprunter ses personnages, soit à la vie monotone des Allemands dans les œuvres de qui l'intérêt roule souvent sur l'avancement d'un conseiller secret, où l'action vraiment dramatique faisant défaut, le sentimentalisme devient fade et où l'abstraction remplace la réalité, soit à cette vie anglaise dont le confort et le spleen sont la dernière expression.

VI

On parle toujours de la sympathie de la France envers la Pologne. Il y a, en effet, une corrélation, sinon dans les mœurs, du moins dans les âmes, et les sujets polonais sont sans doute ceux qui seraient le plus aisément compris, le plus chaleureusement accueillis des masses françaises. Cependant les auteurs ont jusqu'ici préféré les discordes des Plantagenets, les luttes de la Rose blanche et de la Rose rouge, les tragédies de l'Escurial ou les folies sanguinaires des principicules d'Italie.

Ce n'est pas seulement à l'ignorance du passé des pays slaves qu'il faut attribuer leur exclusion de la république des lettres. Les auteurs dramatiques écrivent pour être joués, ils ne perdent pas de vue la censure théâtrale. Ils savent qu'ils ne blessent aucun gouvernement en dépeignant l'ambition du comte de Warwick, le meurtre de Waldstein, les amours de César Borgia. Au contraire, tout ce qui tend à rappeler ou le passé glorieux de la Pologne ou ses désastres présents est un reproche à tous les gouvernements. Aussi n'est-ce guère qu'aux époques agitées où la crainte de déplaire aux cabinets est mise de côté que quelques tentatives de ce genre se sont produites.

La Révolution française, dont des pièces politiques avaient signalé l'aurore, donna à sa sœur, la Révolution de Pologne, une hospitalité passagère. Au commencement du siècle, Boieldieu mit en musique un libretto intitulé : *Beniowski ou les exilés du Kamtchatka*, tiré des mémoires de ce fameux confédéré de Bar qui réussit à s'emparer d'un port au Kamtchatka et d'un navire, et qui, parti de la mer Glaciale, aborda heureusement au Havre avec ses compagnons. En février 1801, on joua à Paris une tragédie intitulée : *les Polonais*, dont les derniers vers sont :

> Au sort d'un peuple ami lions notre fortune,
> A tous les opprimés sa querelle est commune.
> Nous le verrons payer, devenu notre appui,
> Le sang que la Pologne aura versé pour lui.

En 1806, un mélodrame à grand spectacle, *Jean Sobieski*, était représenté le 22 mai. En 1812, au début de la mémorable campagne de Russie, M. de Cormenin, alors auditeur au Conseil d'État, exprima, dans une épode héroïque intitulée *la Pologne régénérée*, l'attente générale. Il y disait :

> Refoulez ces torrents jusqu'aux bornes du monde;
> Si jamais, ramenant leur fureur vagabonde,
> Ils assiégeaient le mur qu'on va leur opposer,
> Que d'éternels remparts de légions guerrières,
> Soient les fortes barrières
> Où leurs flots impuissants reviennent se briser!

Hélas! quand les fio!s de l'inondation battent le seuil des maisons, il est bien tard pour songer à élever des digues. Napoléon Ier qui, en ne relevant pas la Pologne, avait dédaigné l'unique abri contre l'avalanche des peuples du Nord, succomba et vit les Moscovites s'abattre jusque dans sa capitale. Cependant cette dure leçon du Destin frappa les esprits en France, ils sentirent plus vivement où était l'ennemi et où étaient les alliés. Et si la Restauration se montra plus aveugle envers la Russie que les gouvernements précédents, l'opinion publique se fit jour par plusieurs pièces polonaises. Le 5 août 1815 on joua *Jean Bart ou le Voyage en Pologne*, pièce qui roulait sur l'élection du prince de Conti. En 1825, les aventures du gentilhome polonais, qui fut Mazeppa, étaient transportées sur la scène. En 1819, *Poniatowski ou le Passage de l'Elster*, pièce jouée le 11 décembre, se terminait par cette phrase : « Noble et généreux Poniatowski, ta mémoire sera toujours chère aux Français. Elle sera révérée chez toutes les nations, tant que les noms de vertu, de courage et de patrie, seront en honneur parmi les hommes. »

Après la prise de Varsovie, le 22 décembre 1831, une nouvelle pièce sous le titre : *les Polonais*, représentant l'insurrection du 29 novembre, et qui était comme un reproche au gouvernement français de n'avoir rien fait, eut un grand succès ; elle se terminait par deux apothéoses : la première, les victimes de la liberté montant au ciel, la deuxième, la liberté faisant le tour du monde. Et le 27 décembre, on représentait sur un autre théâtre *Paul Ier*, drame où le grand-duc Alexandre intercédait pour la Pologne et où l'étranglement de Paul s'effectuait à l'instigation du ministère anglais.

Ces diverses productions, bien intentionnées du reste, étaient faibles d'exécution et remplies d'inexactitudes historiques. Pendant la guerre d'Orient, on joua *les Cosaques* ; les auteurs se renfermaient dans les souvenirs de l'invasion de 1815, mais ils n'osaient parler de la Pologne : le gouvernement eût craint de s'engager et il n'était permis d'éveiller les sympathies françaises qu'à l'endroit des Circassiens et de Schamyl, qui d'ailleurs n'y gagnèrent rien.

S'il est vrai que le rôle de l'art soit de faciliter aux hommes leur devoir, l'accomplissement de la mission du siècle, et si, d'autre part, il est incontestable que celle du dix-neuvième siècle soit une mission de nationalités à fonder ou à relever, n'est-il pas étonnant que quand la question des nationalités remplit les journaux et les livres, elle soit systématiquement exclue du théâtre ?

La France elle-même, cette grande initiatrice européenne, semble avoir à cet égard perdu son étoile littéraire. Après avoir, au dix-septième siècle, ravivé l'héroïsme par Corneille, corrigé les mœurs par Molière, après avoir, au dix-huitième, glorifié Voltaire qui avait transformé le théâtre en tribune philosophique, après avoir, il y a plus de trente ans, applaudi Victor Hugo qui, au moment où le matérialisme gagnait les âmes, s'appliqua à surexciter les consciences, à y réveiller les grands sentiments humains, que fait-elle de sa scène, jadis si glorieuse et aujourd'hui si déchue? Trop souvent le théâtre se borne à représenter les nullités de la vie quotidienne dans le seul but de distraire un public blasé. Et pourtant la vogue qu'ont obtenue les essais imparfaits de pièces patriotiques et les drames consacres aux misères sociales nous présagent ce que sera le théâtre futur.

Mon père, qui avait été frappé de l'impressionabilité des âmes françaises, eut la pensée de servir la cause nationale en transportant notre histoire sur la scène de Paris.

« En nous dépouillant, a-t-il dit, de toute préoccupation, de quelque nature qu'elle puisse être, et en descendant dans les régions les plus froides de la critique, nous osons dire que l'histoire de Pologne au dix-huitième siècle est une des plus intéressantes et des plus poétiques; elle a devant elle un immense avenir de poésie. Je ne connais rien de plus tragique et de plus grandiose que ces figures dont je vous ai tracé quelques traits : des individus forts et puissants qui conçoivent de grandes idées et cherchent à les réaliser; la nation qui ne se laisse pas façonner ; et enfin l'Europe qui agit sur eux et contre laquelle ils réagissent. Que de douleurs et de mécomptes renfermés dans le cabinet silencieux de la famille Czartoryski - Poniatowski, par exemple! Que de passions tragiques cachées sous des formes froides, et qui ne se trahissent que par quelques paroles diplomatiques plus poignantes que les coups de stylet et les dagues de nos tragédies! Les poètes comprendront un jour ce qu'il y a de réellement tragique dans la société moderne, dans ces luttes intérieures dont l'individu est la scène et le théâtre, luttes entre les systèmes et les passions, entre le devoir et le raisonnement, surtout lorsqu'il s'agit d'individus qui représentent des intérêts de générations et de pays. Le drame de la Pologne d'alors est rempli de personnages historiques. On voit Pierre le Grand accourir dans les Diétines pour discuter avec les commissaires, et Charles XII déguisé se mêler parmi les députés. A côté des sabreurs polonais apparaissent les régiments silencieux des Suédois et des Russes. » (*Slaves III, p.* 37.)

Mon père jugea que la *Confédération de Bar* symboliserait le mieux l'ancienne Pologne livrant des combats de géants, et descendant héroïquement au tombeau d'où Kosciuszko ne tardera point à l'évoquer transfigurée et régénérée. Ce fut cette période de notre histoire qu'il choisit pour sujet de son drame. Alors que les Russes, moitié par force et moitié par ruse, occupaient le territoire de la République et voulaient l'étouffer sans bruit, une croisade sainte fut tout à coup entreprise contre eux. La famille des Pulawski y brilla du plus vif éclat. Pendant cinq longues années, les Polonais, trahis par leur roi, abandonnés de l'Europe, tinrent en échec toutes les forces de la Russie.

Des difficultés de plusieurs sortes empêchèrent que le drame de mon père ne fût représenté; le manuscrit même s'en égara. Ses démarches pour le retrouver et celles que j'ai faites moi-même sont demeurées infructueuses. Les lettres que je publie, à côté des renseignements précieux qu'elles fournissent, montrent comment l'œuvre de mon père fut appréciée des écrivains français contemporains. Je n'ai qu'une copie des deux premiers actes; le manuscrit complet, enrichi des annotations de madame Sand, se retrouvera-t-il un jour? je l'ignore. J'ai pensé que l'impression des fragments qui existent entre mes mains était le meilleur, le seul moyen qui me restât d'arriver à ce résultat désiré.

Le deuxième acte, le dernier qui soit en ma possession, s'arrête au moment de la surprise du château de Cracovie. Voici comment M. de Choisy raconte cet événement : « 2 février 1772. Je suis maître du château de Cracovie. J'avais trouvé murée la porte souterraine qu'on m'avait assuré qui serait ouverte : il fallait faire passer mes quatre cents hommes dans le trou pratiqué pour aller au château, où je venais d'apprendre qu'il n'y pouvait passer un homme que très-difficilement. Je n'entendais pas le moindre effet du mouvement de mon second détachement. Un officier polonais mon rapporta que ces messieurs étaient maîtres du château : ils s'y sont introduits par vingt miracles et par des actions d'un courage inouï, après avoir haché des palissades, des portes, des fenêtres. J'ai trouvé dans le château un magasin immense de toutes choses : je crois pouvoir, sans exagération, le porter à deux millions. On peut nourrir mille chevaux tout l'hiver; beaucoup de farines, de blés, de munitions, des draps verts pour habiller tous les chasseurs. »

M. de Vioménil ajoutait le 10 février 1772 : « M. de Galibert, secondé par MM. de la Sere, colonel, Tukulka, lieutenant-colonel, marcha aux Russes sans tirer, chassa les ennemis du pont et du faubourg et pénétra dans le château. MM. de Kellerman et Skilski ont aussi beaucoup contribué au succès de cet événement. Cette journée et les différentes attaques qui en ont été la suite ont mis beaucoup de liaison entre nos Français et les Polonais. La perte du château est immense pour les Russes. Si on peut établir, seulement pendant huit jours la communication de Tyniec avec M. de Choisy, on tirerait alors du château de Cracovie des armes, des habits et munitions de guerre pour approvisionner doublement toutes les places et habiller plus de six mille soldats ou dragons des Confédérés (1). »

---

(1) Voir *Lettres particulières du baron de Vioménil*, officier général envoyé par la France pour diriger les opérations militaires des Confédérés, publiées par le général comte de Grimoard. Paris, 1808.

M. de Choisy défendit le château de Cracovie jusqu'au 23 avril 1772 contre le général Suwarow. « Mes soldats, écrivait-il le 29 février, n'ont eu depuis que nous sommes ici ni viande, ni beurre, ni graisse ; du pain sec, du cacha (espèce de gruau) et du courage, voilà toute la nourriture des officiers et des soldats. »

Casimir Pulawski, qui n'avait pu forcer les Russes à abandonner le siége du château de Cracovie, resté seul de sa famille, cessa la lutte le dernier. Ce n'est que le 25 juin 1772, quand le partage était connu et la résistance impossible, qu'il passa en Turquie, puis en Amérique. Il avait aimé dans sa première jeunesse Françoise Krasinska et en avait été, dit-on, aimé. Mais elle l'oublia, quand le prince Charles de Courlande, fils d'Auguste III, lui eut fait la cour, et s'en fit épouser secrètement le 4 novembre 1760. Pulawski la revit comme princesse Caroline, elle facilita même sa fuite du pays. Il murmura son nom en expirant, tué au siége du fort de Savannah, auquel les Américains reconnaissants donnèrent son nom. La fille de cette dame épousa un prince de Carignan et fut l'arrière-grand'mère du roi Victor-Emmanuel.

Le Père Marc est l'une des plus grandes figures de la *Confédération de Bar*. Sa parole entraînait ses compatriotes, et sa sainteté en imposait aux Russes eux-mêmes. Il survécut de longues années à cette lutte héroïque, toujours entouré de la vénération publique et consulté comme un oracle. Mille légendes circulent sur ses miracles ; on répète encore ses prédictions. Il mourut dans le village de Berezowka en 1801 et fut enterré dans l'église de Horodyszcze. On y voit son corps momifié, mais intact, dans une simple bière sans couvercle ; les paysans viennent en pèlerinage lui baiser les mains.

Mon père commença également un autre drame : *Jasinski ou les deux Polognes*, qu'il n'a jamais terminé en voyant que les circonstances n'avaient pas permis la représentation du premier. Il y aurait peint les deux Polognes, l'une imbue des idées étrangères, l'autre fidèle aux idées nationales. Il mettait en scène deux personnages de l'ancienne et deux de la nouvelle génération, opposant l'un à l'autre le vieux Polonais, observateur des us et coutumes de la République, et possédé de cette haine inextinguible de l'oppression russe qui animait les Confédérés de Bar, et le vieux Polonais diplomate, rusant avec l'ennemi, toujours dupe des mensonges des cours, prêt aux capitulations de conscience ; le jeune Polonais en perruque et en habit à la française, papillonnant autour des idées philosophiques du dix-huitième siècle comme un coléoptère autour de la flamme d'une bougie, et le jeune Polonais insurgé, joignant aux saines traditions de l'ancienne Pologne la séve vigoureuse de la Pologne nouvelle. Jacques Jasinski, en avril 1794, avec environ trois cents militaires, prit ou massacra, avec l'aide du peuple de Vilna, les trois mille Russes qui occupaient cette capitale. Malheureusement, il fut rappelé à Varsovie et l'insurrection de Lithuanie échoua. Le comte Oginski raconte dans ses mémoires que Jasinski étant venu le voir quelques jours avant l'assaut donné à Varsovie par Suwarow, lui parla des perspectives d'émigration que l'imminence des désastres offrait à tous les esprits. « Je lui fis observer qu'il valait mieux périr les armes à la main, dit Oginski.—Vous avez raison, me répliqua-t-il froidement, je suivrai votre conseil, et il me quitta sans ajouter un mot de plus. Huit jours après il périt au camp près de Praga, dans une batterie qu'il commandait lui-même. »

Nous ajouterons que l'évêque de Livonie dont il est question est Joseph Corvin Kossakowski, né en 1738, évêque de Livonie en 1781 et bientôt après coadjuteur de l'évêque de Vilna. Homme capable, mais toujours occupé d'intrigues avec la Russie, il fut exécuté par le peuple, lors de la révolution de 1794, ainsi que son frère Simon, grand hetman de Lithuanie, qui, après avoir été confédéré de Bar, était devenu un instrument du cabinet de Saint-Pétersbourg, et l'un des traîtres signataires de la confédération de Targowica.

LADISLAS MICKIEWICZ.

Paris, août 1867.

XII

LETTRES DE GEORGE SAND ET D'ALFRED DE VIGNY
A ADAM MICKIEWICZ

Monsieur (1),

Je me suis permis de tracer quelque mots *à la plume*, à côté des mots *au crayon* que j'ai trouvés sur les marges de votre manuscrit. Je ne sais pas de qui sont ces corrections, mais je ne puis pas m'empêcher de les trouver mauvaises pour la plupart, et de penser que vous connaissez beaucoup mieux la force et l'énergie de notre langue, que la personne chargée par vous de ces rectifications. Je ne me permettrai pas de porter un jugement sur l'ensemble de votre ouvrage : en fait de drame, je ne suis pas un juge compétent. D'ailleurs j'ai une telle admiration et une telle sympathie pour tout ce qui est de vous, que, s'il y avait à reprendre dans ce nouvel œuvre, je ne pourrais pas m'en apercevoir. Je ne vous parlerai donc que du style. Dans les endroits où le style domine l'action, il m'a semblé aussi beau que celui d'aucun écrivain supérieur de notre langue; dans les endroits où nécessairement l'action domine le style (sauf quelques incorrections qu'il est même puéril de mentionner, tant elles vous sont faciles à faire disparaître), le style m'a paru ce qu'il devait être,—seulement un peu trop brisé, surtout à cause du caractère particulier du rôle du palatin, dont l'énergie d'expression est précisément dans l'omission de l'expression. Peut-être tous les autres personnages, par cela même, devraient-ils se montrer plus sobres de suspensions et de réticences. L'esprit de notre langue n'en comporte pas autant, et, quoique nos modernes écrivains dramatiques les prodiguent, nos vieux et illustres maîtres qui sont les aïeux *par alliance* de votre génie, s'en montrent très-avares.

Je suis honteuse, Monsieur, de me permettre ces observations envers une supériorité telle que la vôtre. Je ne les aurais pas risquées, si vous n'eussiez eu la bonté de me les faire demander, à moi indigne, mais sincère admirateur de votre puissance. Quant au succès du drame, il m'est impossible d'avoir aucune prévision à cet égard. Le public français est si ignoblement stupide aujourd'hui, il applaudit à de si ridicules triomphes, que je le crois

(1) Cette lettre sans date est vraisemblablement de 1837, comme celle d'Alfred de Vigny.

XIII

capable de tout, même de siffler une pièce de Shakespeare, si on la lui présentait sous un nom nouveau. Je puis dire seulement que si le beau, le grand et le fort doivent être couronnés, votre œuvre le sera.

Agréez, Monsieur, l'assurance de mon sincère et entier dévouement.

GEORGE.

Rien ne m'a empêché, Monsieur, de lire et relire votre drame avec une extrême attention. Je vous conseille de le présenter à un théâtre, mais j'ai quelques graves observations à vous faire. Si vous voulez me faire l'honneur de venir chez moi demain ou après-demain, à midi, je serai heureux d'en parler avec vous et tout prêt à vous servir en tout ce qui dépendra de moi.

ALFRED DE VIGNY.

J'irais chez vous si cela m'était possible.

1er avril 1837. Paris.

Voulez-vous, pendant le peu de jours que j'ai encore à passer ici, que je relise votre drame? Et s'il n'est pas de nature à être mis en scène, pourquoi ne le feriez-vous pas imprimer? Je me souviens que c'est beau. Confiez-le moi. Pourquoi faut-il le laisser dormir? Rien de ce que vous avez fait ne peut être inutile ou indifférent.

Tout à vous de cœur,
Mardi.

G. SAND.

...J'ai remis le drame à Bocage. J'attends sa réponse (1).

A vous de cœur,

GEORGE SAND.

---

(1) Ce billet de madame Sand, ainsi que le précédent, est sans date. Mais ils sont adressés rue d'Amsterdam, no 1, où M. Adam Mickiewicz demeura à son retour de Suisse, fin 1840, jusqu'à l'année 1845. Ils sont probablement du printemps 1843, époque à laquelle madame Sand écrivit également à M. Mickiewicz à propos de ses leçons sur la *Comédie infernale* de Krasinski professées au Collège de France en février 1843.

Lettres a M. Ladislas Mickiewicz

Monsieur, je n'ai eu entre les mains qu'un manuscrit ou plutôt une copie de manuscrit de votre illustre père. C'était un drame polonais dont je ne me rappelle pas le titre et qui ne me parut pas facile à adapter à la scène française. Mais je n'avais pas à le juger. J'étais chargée seulement de le remettre à M. Bocage et de lui en recommander la lecture. Il y trouva de très-belles choses, en effet, mais rien de ce qui devait produire un effet immédiat sur le spectateur. Néanmoins il s'occupa de le faire accepter dans un théâtre de drame, et à cette époque, — que je ne puis préciser, — je quittai Paris. Plus tard, votre père me fit redemander le manuscrit que Bocage n'avait pu faire accepter et qui avait dû rester entre ses mains. Je le redemandai à Bocage qui me dit l'avoir remis à MM. Sobanski et Grzymala, chargés déjà de le lui réclamer. Plus tard encore, je sus que votre père ne l'avait pas reçu. J'en parlai encore à Bocage qui ne se souvenait plus s'il l'avait remis à M. Grzymala, à M. Sobanski, ou déposé chez votre père lui-même, mais il assurait l'avoir restitué exactement dès la première réclamation, et je crois que cela est vrai, parce qu'il avait de l'ordre, et ne remettait pas les choses au lendemain.

Je croyais que depuis longtemps ce manuscrit qui n'a *jamais repassé* par mes mains avait été retrouvé et restitué. Peut-être l'a-t-il été, mais je regrette de ne pouvoir vous donner d'autres renseignements.

Recevez l'expression de mes sentiments affectueux.

G. Sand.

Nohant, 18 août 1863.

Paris, 30 juillet 1867.

Monsieur,

La lettre que vous m'avez fait l'honneur de m'adresser, le 27 de ce mois, m'a fait faire tous les efforts possibles pour me rappeler les circonstances qu'une si longue suite d'années, mes souffrances et ma vieillesse ont pu naturellement, sinon effacer de ma mémoire, du moins involontairement déplacer en grande partie.

Les souvenirs de Bocage me paraissent confondre l'historique des transmissions du précieux manuscrit en question. Madame Sand, pénétrée sincèrement

d'une admiration sympathique pour notre grand poète, avait jugé que Bocage
saurait le mieux utiliser son drame. Je me rappelle que ce dernier me dit,
dans une conversation, qu'il trouverait un homme spécial, familier avec la
mise en scène et toutes les ressources du métier (ces expressions m'ont frappé) et, si ma mémoire ne me trompe, son choix est tombé sur M. Mallefille,
auteur dramatique d'une science reconnue et pénétré aussi bien que madame
Sand d'une pieuse sympathie pour l'illustre auteur, et je ne doute pas que s'il
a été appelé à ce travail, il ne s'en soit occupé avec les meilleures disposi-
tions. Mais les désastres personnels qui m'ont frappé bientôt après m'ont
fait perdre la trace de toutes ces personnes. Les événements postérieurs
brouillent les souvenirs des entretiens que j'ai pu avoir avec Sobanski et les
autres personnes intéressées à cette question. Sobanski mourut et moi je fus
absent de Paris pendant trois ans. Et d'ailleurs, le manuscrit ne pouvait à
aucun titre rester entre nos mains. Une chose qui me revient à la mémoire
en ce moment, c'est que votre père, que j'ai eu le bonheur de revoir et de recevoir plusieurs fois chez moi avant son départ, ne m'a jamais parlé de ce
manuscrit.

J'aurais été bien heureux de vous être de quelque utilité dans ces recher-
ches, car vous ne pouvez douter de l'attachement personnel qui s'ajoute dans
mon cœur au mérite et à la gloire impérissable du plus pur et du plus mé-
ritant de nos grands hommes contemporains.

Veuillez lire ma vieille écriture avec indulgence et croire à ma très-grande
considération.

ALBERT GRZYMALA.

P. S. Je crois que l'écriture du manuscrit n'était pas de la main de monsieur votre père. J'ai assisté à la lecture de quelques scènes chez madame
Sand, et les gens du métier (puisqu'ils s'appellent ainsi) trouvaient à côté
d'une étude précieuse des caractères et de la couleur historique, une certaine
absence d'entraînement dramatique.

Bougival, 2 août 1867.

Monsieur,

Les souvenirs que vous évoquez me sont encore présents, et je crois pouvoir répondre de leur exactitude.

Madame la comtesse d'Agoult, qui depuis a rendu célèbre son pseudo-
nyme de Daniel Stern, me remit à Paris, rue Laffitte, hôtel de France, le
manuscrit d'un drame intitulé : *La Confédération* ou *Les Confédérés de
Bar*; c'était pendant l'hiver de 1836-1837. Madame d'Agoult l'avait recom-
mandé à mon attention; le nom de votre illustre père le recommandait à ma

sympathie. Il avait déjà passé par l'examen de plusieurs auteurs dramatiques, entre autres Alfred de Vigny.

Je crois qu'on avait répondu avec plus de politesse que de franchise, plus
en Philintes qu'en Alcestes. Moi, j'eus, comme toujours, le courage de mon
opinion. Après avoir lu avec une respectueuse attention l'ouvrage inédit d'A-
dam Mickiewicz, je le rendis à madame d'Agoult, en lui disant que les
beautés de sentiment et de pensée y abondaient tout naturellement, mais que
l'action, l'intérêt, l'agencement dramatique, tels qu'on les comprenait en
France, y faisaient complétement défaut, et que je ne voyais aucun moyen,
aucune chance pour le faire représenter dans des conditions dignes de son
auteur. Madame d'Agoult se récria contre la sévérité excessive, peut-être té-
méraire, de mon jugement; je répondis que je désirais sincèrement me
tromper, et nous en restâmes là. Depuis ce moment jusqu'à la lettre que
vous m'avez fait l'honneur de m'écrire, je n'ai plus entendu parler du drame
composé par votre père et soumis un instant à mon appréciation.

Si vous voyez madame la comtesse d'Agoult et le comte Grzymala, veuillez bien, je vous prie, transmettre à l'une mes affectueux respects, et à
l'autre mes vieilles et toujours bonnes amitiés.

Agréez pour vous-même, monsieur, l'assurance de mes sentiments les
plus distingués.

F. MALLEFILLE.

Saint-Lupicin, par Saint-Claude, 7 août 1867.

Le manuscrit dont vous me parlez, monsieur, a été, sur le désir de monsieur votre père, confié à l'acteur Bocage qui, si ma mémoire ne me trompe,
a dû le lui remettre en personne (1) avec des observations très-analogues à
celles de M. Mallefille. Je regrette infiniment de n'avoir à vous transmettre
d'autres renseignements et je voudrais espérer que si, en toute autre occasion, je pouvais mieux vous servir, vous ne douteriez pas de mon cordial em-
pressement.

La mémoire de votre illustre père m'est chère et sacrée, et tout ce qui lui
appartient a droit à mon plus affectueux intérêt. Recevez-en ici la sincère
assurance, monsieur.

MARIE D'AGOULT.

(1) En 1854 madame Mickiewicz se préoccupait de savoir si l'on ne pouvait
pas retrouver le manuscrit de son mari. En 1858, Bocage, à qui il en était
parlé, n'avait plus à ce sujet que des souvenirs confus.

CASIMIR PULAWSKI

Imp. Baillet Q. de la Tournelle, 8b, Paris.

LES

CONFÉDÉRÉS DE BAR

DRAME EN CINQ ACTES

PERSONNAGES

LE PALATIN, vieillard de soixante ans, grand, maigre, sombre, parlant presque toujours à demi-voix et terminant ses phrases par un geste; costume polonais; cheveux coupés courts.

LA COMTESSE, sa fille, femme de trente ans, belle et élégante.

LE COMTE ADOLPHE, fils du Palatin, frère de la Comtesse, âgé de quinze ans; costume polonais.

LE GÉNÉRAL-GOUVERNEUR RUSSE, homme de cinquante ans.

CASIMIR PULAWSKI, chef des Confédérés de Bar, jeune homme de trente ans.

M. DE CHOISY, officier français, en uniforme français.

LE PÈRE MARC, vieux capucin.

LE DOCTEUR, agent diplomatique russe; démarche timide, regard oblique; habit moitié civil, moitié militaire; il porte une perruque, des lunettes, et a un grand portefeuille sous le bras.

ZBROY, inspecteur des forêts royales; habit de chasse.

LE STAROSTE.

LA STAROSTINE, sa femme.

LE BOURGMESTRE DE CRACOVIE.

DES NOBLES POLONAIS, DES ÉCHEVINS ET DES BOURGEOIS DE CRACOVIE, DES MONTAGNARDS DES CARPATHES, DES CHASSEURS ROYAUX. — costumes de l'époque.

L'action se passe dans la ville de Cracovie et aux environs, en 1772.

LES
CONFÉDÉRÉS DE BAR

DRAME EN CINQ ACTES

ACTE PREMIER

Salon dans les appartements de la Comtesse. — Des groupes de femmes et d'hommes, les uns debout les autres assis, ayant à la main des placets et des liasses de papier; tous tristes et parlant bas. — Plusieurs laquais en grande livrée se tiennent à la porte.

SCÈNE PREMIERE

LE STAROSTE, MADAME LA STAROSTINE, LE BOURG-MESTRE, UN GENTILHOMME, puis LE PORTE-GLAIVE DE LITHUANIE.

LE STAROSTE (*en habit polonais, le sabre au côté*).
On n'attendait pas aussi longtemps, même dans l'antichambre de nos rois; cela ne s'est jamais vu à Cracovie. Laisser

des nobles Polonais frapper pendant deux heures à la porte d'une favorite! (*En montrant une porte de côté.*)

LA STAROSTINE.

Tais-toi! Que dis-tu, malheureux! Oublies-tu qu'elle est fille de notre Palatin?

LE STAROSTE.

Et la maîtresse d'un général russe !

LA STAROSTINE.

Ah! le sort de notre fils est entre ses mains. Tais-toi!

UN VIEUX GENTILHOMME.

Monsieur le Staroste, que voulez-vous ! Le proverbe dit qu'il est impossible de courber le cou droit d'un Polonais, ni de redresser son sabre recourbé, sans briser l'un et l'autre. Ah! Nous faisons mentir le proverbe. Que voulez-vous! notre roi Stanislas fait des courbettes à Varsovie devant les Russes; qu'y a-t-il d'étonnant que nous autres... Savez-vous que le Général-Gouverneur veut confisquer mon château?

LE BOURGMESTRE.

Pauvre Cracovie! On la frappe d'une nouvelle contribution et on me rend, comme bourgmestre, responsable du payement. On me menace. J'espère que la Comtesse pourra m'obtenir un délai de quelques jours; et, dans quelques jours, qui sait ce qui arrivera !

LE STAROSTE.

S'il ne s'agissait que de châteaux et d'argent, ils auraient fait abattre et rouler sur ma tête toutes les tourelles crénelées de mon castel, que je n'aurais pas courbé cette tête devant la porte d'une... mais mon pauvre garçon! il y va de la vie de mon fils.

LA STAROSTINE (*au Bourgmestre*).

Croyez-vous qu'elle nous donnera audience aujourd'hui? Mon Dieu, c'est que, voyez-vous, monsieur le Bourgmestre, on juge aujourd'hui mon fils; vous savez, le tribunal militaire russe... Et pourquoi? Parce que mon fils a donné asile à un émissaire de Pulawski, de ce chef des Confédérés de Bar. Ils disent que c'est un crime, le croiriez-vous? Mais la Comtesse pourra obtenir du Général-Gouverneur russe... elle est Polonaise, elle aura pitié... n'est-ce pas? Elle est si bonne!

LE BOURGMESTRE (*s'approchant de la Starostine*).

Votre fils a donné asile à un émissaire de Pulawski; avez-vous appris quelque chose de cet émissaire? Que fait donc Pulawski? Où sont les Confédérés? On nous les promet chaque jour.

LE GENTILHOMME.

Chut! n'avez-vous pas lu la gazette d'hier? On a battu nos Confédérés de l'autre côté de la Vistule. On dit que de Choisy est pris, Pulawski tué. Cela doit être vrai, c'est imprimé, et même imprimé dans la *Gazette officielle*.

LE STAROSTE.

Bah! ils le tuent périodiquement une fois par semaine.

LE BOURGMESTRE.

Il est vivace comme notre Pologne. Jamais il n'est aussi remuant que le lendemain de son enterrement officiel. Mille et une gazettes! ce sont contes russes et voilà tout.

LE GENTILHOMME.

Le proverbe dit qu'une nouvelle, pour se confirmer, n'a qu'à être mauvaise pour la Pologne.

LE BOURGMESTRE.

A propos de nouvelles, savez-vous que notre Palatin, en apprenant la défaite des Confédérés, a mis le bonnet blanc que les Confédérés affectent de porter; il l'a mis hier, ici, à la barbe des Russes.

LE STAROSTE.

Il a mis le bonnet des Confédérés?

LE GENTILHOMME.

Qu'est-ce que cela signifie, monsieur le Bourgmestre, vous qui êtes un homme politique?

LE BOURGMESTRE.

C'est comme s'il disait : Vous croyez la Confédération par terre? Eh bien je la relève, et je m'y jette la tête la première. (*Il met la tête dans son bonnet.*) Le Palatin revient des pays étrangers; vous savez qu'il était agent secret des Confédérés. Je suis sûr qu'il a obtenu des secours.

LE STAROSTE.

Mais avant que ces secours n'arrivent...

LA STAROSTINE.

On le fusillera! Être fusillé pour cela! Parce qu'on trouva chez nous ce moine, c'est-à-dire qu'il s'y trouva on ne sait pas comment. Mon Dieu! Mais la Comtesse ne veut pas venir. Je suis sûre qu'elle ne viendra pas ; tout le monde nous abandonne. Pensez-vous qu'elle viendra ?

LE BOURGMESTRE.

Patience. Elle n'est pas chez elle; elle dîne chez son père, le Palatin. Le Général-Gouverneur y est aussi, et beaucoup de nos seigneurs... un grand dîner.

LE GENTILHOMME.

Tout le monde dit que le Palatin est furieux de la conduite de sa fille, qu'il la tuerait, si ce n'était la crainte du Gouverneur, et, vous voyez, il les invite à dîner. Cela ne s'est jamais vu en Pologne. Mais que voulez-vous !

LE STAROSTE.

J'entends le roulement des tambours. On revient. Ils reviennent. (*Tout le monde se lève et court aux fenêtres.*)

PLUSIEURS VOIX.

On revient, Dieu merci ! Elle revient, la Comtesse revient.

LE GENTILHOMME.

Les Russes reconduisent notre Comtesse, tambour battant. On dirait leur général en chef ; c'est incroyable.

LE BOURGMESTRE.

C'est que le Général-Gouverneur revient en même temps ; on dit qu'il épouse la Comtesse. Je le crois bien, une veuve, si riche, si belle. J'ai dit veuve ; c'est mieux que cela ; c'est une femme divorcée : c'est moitié fille, moitié veuve.

LE GENTILHOMME.

Un Russe ! Une fille de Palatin de Cracovie ! C'est comme si notre Saint-Père le Pape épousait le Schisme ! c'est la fin du monde.

LE BOURGMESTRE.

Ce qui est sûr, c'est que le Russe est amoureux d'elle. Elle peut tout sur lui ; elle le mène. Ce n'est pas sans raison qu'on l'appelle la petite Catherine, la petite Impératrice de Cracovie.

LE PORTE-GLAIVE *entre précipitamment et court vers le Staroste.*

Vous attendez en vain.

LE STAROSTE.

Eh bien ?

LE PORTE-GLAIVE.

Elle ne fera rien pour vous. Je viens de chez le Palatin. On l'y a mal reçue. Le Palatin, son père, ne lui a pas seulement adressé la parole. Les dames polonaises lui tournaient le dos, faisaient des grimaces. Elle a eu des spasmes. Le Général en est furieux, et moi j'en suis enchanté, moi.

LA STAROSTINE.

Mon Dieu ! ces seigneurs, ils la fâchent ; et nous, nous en souffrirons. Ils la frappent sur notre joue.

LE GENTILHOMME.

Cher monsieur le Porte-Glaive de Lithuanie, les Russes vous ont déjà coupé une main, je ne vois pas qu'il en repousse une autre à sa place. Vous n'êtes pas de bois de saule. La Comtesse vous a sauvé une fois votre tête, mais... chut !

UN LAQUAIS (entrant par la porte de côté).

Mesdames, messieurs ! Madame la Comtesse me charge de vous demander mille excuses. Elle ne peut recevoir personne aujourd'hui. Elle est désolée ; elle est indisposée.

LE STAROSTE.

Indisposée ! Mais dites-lui qu'il s'agit de braves gens sur la vie desquels le Général va prononcer aujourd'hui. Indisposée !

LE LAQUAIS.

Si vous avez à remettre des suppliques, des notes, je m'en charge. (Le Staroste et tout le monde accourt vers le laquais. On lui remet des papiers. On lui parle.)

LE STAROSTE.

Plus d'espoir ! On le fusille dans vingt-quatre heures.

LE PORTE-GLAIVE.

Vous portez le sabre, moi le couteau. (*Il montre mystérieu-sement un poignard.*) Eh bien, je vous dis que dans vingt-qua-tre heures on frappera bien des coups fourrés sans parler d'es-tocades.

LE STAROSTE ET LE BOURGMESTRE.

Que dites-vous? Des coups fourrés?

LE PORTE-GLAIVE (*les menant à une fenêtre*).

Vous voyez d'ici les monts Carpathes et ce nuage qui res-semble au plumet de Pulawski.

LE STAROSTE FT LE BOURGMESTRE.

Qu'entendez-vous dire? Seraient-ils?...

LE PORTE-GLAIVE.

Je dis seulement que Pulawski est un bon cavalier, M. de Choisy un excellent fantassin; les monts Carpathes sont près de Cracovie, le Palatin a mis son bonnet de confédéré... Venez me voir cette nuit, nous en reparlerons. Madame la Starostine, allons, du courage. Je jure par les monts Carpathes que votre fils ne sera pas fusillé! (*Tout le monde sort.*)

SCÈNE II

LA COMTESSE, LE COMTE ADOLPHE, UN LAQUAIS.

LA COMTESSE (*se jetant dans un fauteuil*).

Ces solliciteurs! Ça ne vous laisse pas une minute de repos, et après une telle journée. Voilà mes compatriotes! Ils m'in-sultaient tantôt; et, ici, ils rampent devant moi. Mais qu'ai-je besoin d'eux? (*Au laquais, en apercevant Adolphe auprès d'une porte de côté.*) Qui est-ce ? Je t'ai dit de ne laisser entrer personne.

LE LAQUAIS.

Monsieur le Comte, votre frère. (*Il sort.*)

LA COMTESSE.

C'est toi, cher Adolphe ? Comment es-tu déjà ici ? Je vous ai pourtant laissés à table.

ADOLPHE.

Je t'ai suivie en secret. J'ai à te parler, Caroline. Il s'agit d'une affaire importante.

LA COMTESSE.

D'une affaire ? Et toi, Adolphe, tu ne me viens voir que pour affaire ! Cependant sois le bien-venu. Il y a si longtemps que je ne t'ai vu chez moi, que nous n'avons parlé ! Si tu voulais venir un peu plus souvent, Adolphe, tu es mon unique consolation dans cette épouvantable solitude !

ADOLPHE.

De quelle solitude parles-tu ? Je ne connais pas à Cracovie de palais moins solitaire que le vôtre.

LA COMTESSE.

Méchant! tu feins de ne pas savoir que ce palais est aussi bien séquestré du monde, de mon monde à moi, de ma patrie, de ma famille, que le serait un hôpital de lépreux. Qui est-ce qui m'entoure ici ? Des Russes, des étrangers. Au sein de ma patrie, j'oublie ma langue maternelle, j'oublie de parler. Personne à qui je puisse dire une seule parole intime.

ADOLPHE.

Il vient ici tant de Polonais.

LA COMTESSE.

Des solliciteurs, des malheureux. Oui, on pleure ici en polonais, mais on ne parle pas. Quelle existence ! c'est pis que
d'être orpheline, que d'être enfant-trouvée ! A quoi bon avoir
une famille qui vous abandonne, qui vous renie !

ADOLPHE.

Si mon père est fâché, qu'y a-t-il d'étonnant? Nous arrivons
après une longue absence ; nous apprenons ton divorce et
que tu vas épouser... et mille autres choses ! Nos parents
ont dit à notre père du mal de toi. Je te l'avoue, j'ai été
étourdi de toutes ces nouvelles. Mais, patience, laisse passer
la tempête.

LA COMTESSE.

Toi seul, mon cher frère, tu me conserves encore un peu
d'amitié, je le sais; ton jeune cœur n'a pas eu le temps de se
gonfler de leur haine, de s'imprégner de leurs pétrifiants pré-
jugés. Mais tu changeras, je le prévois bien. Ils t'apprendront à
à me haïr! Cher Adolphe, ne les écoute pas, sois toujours bon
pour moi. Tu sais combien tu m'es cher. Rien que le son de
ta voix me rend heureuse, me transporte tout à coup au
sein de mon heureuse enfance, au sein de ma famille. Nous
étions alors si unis, nous nous aimions tant les uns les autres.
Tout ce qui me reste de sentiments de famille, je les con-
centre sur toi seul. Tu es ma famille entière, ma patrie, à
moi enfant déshéritée, exilée, réprouvée. Si tu voulais venir
plus souvent...

ADOLPHE (*attendri*).

Toutes les fois que je le pourrai, Caroline. Je sais que tu
m'aimes. Je sens tout le mal qu'on te fait et j'en souffre. Tu

as un cœur si bon, si sensible. Je vais faire un appel à ta bonté. Tu te rappelles ce prêtre que l'on accuse d'espionnage. Je t'en ai écrit déjà, tu m'as promis sa grâce. Tu l'obtiendras du Gouverneur, n'est-ce pas?

LA COMTESSE.

Tu sais que ce n'est pas la première, j'espère que ce ne sera pas la dernière. Cependant, vois leur reconnaissance. Tu as été témoin de l'accueil qu'ils m'ont fait. Tu as vu à table ce Lithuanien, ce triste manchot, cet ami de Pulawski que les Russes allaient pendre. Je lui sauvai la vie. Monsieur, lui dis-je à table, vous ne m'avez pas même saluée! Madame, me répondit cet orgueilleux, Madame, je ne peux pas vous tendre la main, vos amis les Russes me l'ont coupée. Mes amis les Russes! Imbécile, ingrat! — Et ces femmes! J'allai la première à leur rencontre, et les voilà piétinant à reculons, et puis de s'enfuir toutes, comme ces Confédérés de Bar, leurs dignes maris et fils, fuyant partout devant les Russes. C'est pourtant là, sur le champ de bataille, qu'ils feraient mieux d'étaler leur patriotisme. Mais ici, insulter une femme, est-ce du patriotisme polonais? Une femme qui tâche de leur faire du bien! Allez, vos Polonais, c'est le peuple le plus ingrat au monde.

ADOLPHE.

Et qui es-tu donc? Tu n'es plus Polonaise? Caroline, ne parle pas ainsi. Si l'on est fâché contre toi, à qui est la faute? Je ne viens pas te faire de reproches, mais tu as tort. Pourquoi habites-tu ce château au milieu des Russes. Ton palais donne dans la cour du Général, c'est presque la même maison; tout le monde trouve cela scandaleux.

LA COMTESSE.

Je me réfugie ici, oui, pour ma sécurité. Ne sais-tu pas que ma famille voulait m'enfermer dans un couvent, même avant l'arrivée de mon père. Quel droit auraient-ils de m'enfermer?

ADOLPHE.

Il ne fallait pas divorcer avec le comte, ton mari. Cela ne s'est jamais vu dans notre famille. Tu avais tort. Et maintenant tu acceptes les hommages d'un Russe, toi, fille de mon père, fille d'un Palatin!

LA COMTESSE.

Tu répètes leur leçon. Le divorce, le divorce! Eh, pourquoi m'a-t-on laissé, moi enfant, épouser un homme mal élevé, un sauvage, un ivrogne, pour ne pas dire pis. Lui, se soucie-t-il-de moi? Ma famille prétendra-t-elle être plus jalouse de l'honneur de mon mari qu'il ne l'est lui-même? Crois-moi, tout cela n'est qu'un prétexte pour me persécuter. Ils me haïssent, ils me calomnient, et ils s'étonnent de ce que je ne suis pas indifférente aux sentiments d'un homme, du seul homme qui me protége, qui m'estime, qui s'est attaché à mon sort.

ADOLPHE.

Cet homme est un Russe.

LA COMTESSE.

Dieu, quelle est donc la religion, où est la loi qui défend d'avoir de l'amitié pour un étranger? et cela seulement parce qu'il est étranger.

ADOLPHE.

Cet étranger nous fait la guerre.

LA COMTESSE.

Les guerres finissent tôt ou tard. Les haines nationales s'apaisent. Et alors, le bruit des armes une fois cessé, vous entendrez les cris de vos consciences. Oui, mon père, mes parents, vous tous, vous aurez des remords d'avoir flétri mon existence, empoisonné tous les moments de ma vie! Vous me regretterez un jour, vous me rendrez justice, oui!

ADOLPHE.

Ah! si tout cela finissait! Si tu pouvais te réconcilier avec ta famille, revenir à nous! Comme notre palais est devenu triste depuis que tu n'y es plus; triste et muet; quel vide tu y laisses! Comme c'était gai avant notre départ pour cette malheureuse ambassade! Et maintenant mon père ne sourit plus. Personne ne parle à table : on dirait un couvent de trappistes. Si tu revenais! Tu es si gaie, si bonne. Tâche que notre père te pardonne. N'oublie pas ce moine; mon père donnerait beaucoup pour le sauver. On le juge aujourd'hui. Tu sais qu'on n'a pas vu de Polonais sortir sauf d'entre les mains de juges russes.

LA COMTESSE.

Sois tranquille. J'ai déjà écrit au Gouverneur. Je lui en parlerai encore. Il viendra aujourd'hui me voir.

ADOLPHE.

Il viendra ici! Il faut donc que je te quitte, car si mon père apprenait...

LA COMTESSE.

Mais il n'est pas brouillé avec le Général, il l'invite, il vient le voir.

ADOLPHE.

Ne t'y fie pas trop. Lorsque nous étions à Vienne, il recevait l'ambassadeur russe très-poliment, et il le détestait ; ah ! qu'il le détestait. Après chaque visite de cet ambassadeur, mon père tombait malade, tant cela lui coûtait. Il pensa une fois avoir un coup de sang ! C'est de la politique, ma sœur. Ah ! c'est une chose affreuse, cette politique ! T'a-t-il parlé à dîner ?

LA COMTESSE.

Non. Te parle-t-il quelquefois de moi ?

ADOLPHE.

Non. Je conserve dans ma chambre ton portrait. Mon père s'arrêtait souvent devant ce portrait, le regardait avec tristesse. Quelquefois il s'oubliait jusqu'à lui dire des injures. C'était dans le temps où il te sommait pour la dernière fois de revenir dans son palais.

LA COMTESSE.

Je n'osais pas y retourner. Il était alors si irrité.

ADOLPHE.

Depuis ce temps, il ne regarde plus ton portrait et il ne dit rien.

LA COMTESSE.

La plus forte colère s'apaise avec le temps.

ADOLPHE.

Tu dois connaître le Palatin. Ceux qui le connaissent ne craignent de lui rien autant que son silence. Mais j'entends le bruit d'une voiture. Je pars. Tâche de sauver le moine. Il faut absolument le sauver. (*Avec mystère.*) C'est le Père Marc !

LA COMTESSE.

Le Père Marc! notre ancien confesseur? le saint homme.
Il a été aumônier des Confédérés. Et Pulawski, — avez-vous
des nouvelles de Pulawski?

ADOLPHE.

Ah! le pauvre Pulawski t'intéresse encore.

LA COMTESSE (avec émotion).

Eh bien! en sais-tu quelque chose? Te défies-tu de moi?

ADOLPHE.

Il vit, il n'a pas été fait prisonnier. Voilà tout ce que je puis
te dire.

LA COMTESSE.

Dieu en soit loué! Où est-il? Est-il hors de danger? En
sûreté? Est-il loin?

ADOLPHE.

Hors de danger; mais il ne m'est pas permis de dire où il
est.

LA COMTESSE.

Ne le dis pas; ne le dis à personne; car si quelqu'un
entendait, si les échos répétaient... Ecoute, Adolphe, écris-lui,
fais-lui dire qu'il fuie le plus loin qu'il pourra. L'Impératrice a
mis sa tête à prix. Le Général lui porte une haine toute parti-
culière. S'il tombait entre ses mains, c'est la seule tête que ni
moi ni personne ne pourrait sauver de la hache. Je n'oserais
pas même parler en sa faveur.

ADOLPHE.

Et cependant on dit que tu l'as aimé jadis.

LA COMTESSE.

Histoire d'enfance. Nous avons été élevés ensemble dans

notre château des montagnes. Tu étais alors petit enfant, tu
ne te le rappelles pas. Il est mon frère de lait. Qui a dit que je
l'ai aimé?

ADOLPHE.

Tout le monde, et certes ce n'est pas ce qu'on te reproche;
je ne m'en fâche nullement. Ah! Caroline, si tu l'avais
épousé, un si brave homme, si célèbre. Allez, il vaut bien
votre Russe.

LA COMTESSE.

Il n'était alors qu'un pauvre garçon. S'il m'avait aimé, il
n'aurait pas fui de chez nous pour se faire soldat, aventurier.

ADOLPHE.

Si tu savais, qu'il est grand, qu'il est beau!

LA COMTESSE.

Tu l'as donc vu? grand Dieu! Serait-il ici? Que vient-il
faire? L'insensé, il court à sa perte! Si on le découvre...
J'ai un pressentiment horrible. J'ai eu cette nuit un rêve
affreux. Je le vis en songe.

ADOLPHE.

Pulawski?

LA COMTESSE.

Je rêvais que j'étais dans les Carpathes avec Pulawski,
tel que je l'ai connu dans mon enfance. Un chapeau de montagnard, une hache à la main, il me conduisait vers une montagne couverte de gazon, émaillée de fleurs.

ADOLPHE.

Il n'y a rien d'affreux dans tout cela, ce me semble.

LA COMTESSE.

Tout à coup, je vis sortir de dessous terre mon père. Il nous saisit, nous jeta tous les deux dans la fosse, en criant : Enterrez-les, enterrez-les. Ah ! Dieu, je sentis, je sens encore dans ma bouche, sur ma poitrine, cette terre humide, lourde... Je sentis le pied de mon père qui foulait la terre. Dieu, quel rêve !

UN LAQUAIS.

Son Excellence monsieur le Général-Gouverneur.

ADOLPHE.

Je ne veux pas qu'il me voie ici.

LA COMTESSE.

Sors par là et puis par le jardin. (*Adolphe sort.*)

SCÈNE III

LA COMTESSE; LE GÉNÉRAL, *en grande tenue.*

LE GÉNÉRAL.

Eh bien, madame, ce que j'ai prédit est arrivé. Victoire !!! Le rapport d'hier se confirme. On a battu les Confédérés, complétement battu ! Dieu en soit loué ! Je viens de commander un *Te Deum,* et j'allume vingt-cinq cierges dans ma chapelle, autant de cierges que je compte d'années de service, dont les dernières furent les plus pénibles. Cette maudite guerre, comme elle durait ! Mais à la fin des fins, c'est fini, fini ! Je respire. C'est à présent que je me sens véritablement gouverneur de ce pays. Ah ! vous êtes triste.

LA COMTESSE.

Fatiguée de ce dîner. Vous m'aviez fait espérer un meilleur accueil. Je regrette d'y être allée.

LE GÉNÉRAL.

Nos convives se sont aussi confédérés contre nous. Ce n'est pas aimable, mais je n'y pense plus. Je ne conçois pas ce qui rend tout d'un coup ces Sarmates si fiers, si dédaigneux. Ils ont lu la gazette d'hier. Ce n'est pas, il me semble, le moment de narguer les Russes. Mais n'importe; nous sommes enfin vainqueurs; soyons généreux. Je leur pardonne leur mauvaise humeur, à vos pauvres compatriotes. Je ne m'en fâche plus. Je publie une proclamation au nom de l'Impératrice, des grâces, des pardons. Rendons le bien pour le mal, une fois le pays pacifié.

LA COMTESSE.

Je suis enchantée de vous trouver dans cette disposition d'esprit. Je vous fournis l'occasion de faire preuve de sentiments généreux. Vous avez sans doute fait mettre en liberté le prisonnier pour lequel je vous ai écrit hier.

LE GÉNÉRAL.

Ah! non, pour celui-là non, on le fusillera; mais ce sera la dernière victime. Non, c'est un homme trop dangereux.

LA COMTESSE.

Qui? Je vous parle du capucin. C'est un moine du couvent de mes domaines. On le connaît ici.

LE GÉNÉRAL.

Mon docteur l'a examiné. Il trouve, à ce qu'il paraît...

LA COMTESSE.

Toujours cet infâme espion de Courlandais. Ne vous a-t-il pas fait commettre assez de cruautés, ce vil dénonciateur?

LE GÉNÉRAL.

Dénonciation! cruauté! Vous êtes singulière. Vous me connaissez pourtant. Suis-je cruel, moi? Toutes les fois qu'il ne s'agit pas du service impérial, quel plaisir aurais-je à être cruel? Croyez-vous que ce soit amusant de tirer des capucins? Ma foi, je préfèrerais abattre un daim dans les montagnes des Carpathes. Mais que voulez-vous, c'est la guerre, la nécessité. Pourquoi m'obligent-ils à sévir contre eux?

LA COMTESSE.

A la bonne heure! Faites donc la guerre aux soldats, mais fusiller des hommes tranquilles...

LE GÉNÉRAL.

Je voudrais bien avoir l'honneur de faire la connaissance de ces hommes tranquilles; mais, jusqu'à présent, je n'en ai pas trouvé en Pologne. S'il en a jamais existé en ce pays (ce dont je doute), la race en est perdue. Ici tout ce qui respire, conspire. Mon docteur a raison de dire qu'un Polonais, après avoir expiré, conspire encore au moins l'espace de vingt-quatre heures. C'est le pays des mauvaises têtes, depuis la tête rasée de monseigneur le Palatin, votre père, jusqu'à la tête chevelue du dernier des paysans qui aient jamais laissé flotter leur plique polonaise. Aussi, me voilà bien heureux d'avoir enfin...

LA COMTESSE.

Tout le monde aime sa patrie.

LE GÉNÉRAL.

On ne les chasse pas de leur patrie. Qu'ils y restent, mais qu'ils se conduisent honnêtement, qu'ils obéissent à leur roi...

LA COMTESSE.

Le roi Stanislas Poniatowski, que vous appelez vous-même votre homme d'affaires, homme de paille...

LE GÉNÉRAL.

Homme d'esprit. Il a pesé la puissance des deux Etats : celle
de la Pologne se trouvant plus légère, le roi s'y résigne. Vos
compatriotes auraient mieux fait de l'imiter, que d'entrepren-
dre une guerre inutile, oui, inutile à eux, inutile à moi. Car je
ne connais pas de métier plus triste pour un général que de
combattre des troupes irrégulières, des partisans. Si l'on rem-
porte une victoire, qu'est-ce qu'on trouve sur le champ de
bataille ? Pas un canon, pas un fourgon, pas un clou. Il n'y a
pas de quoi remplir deux lignes de bulletin. Aussi, depuis que
je fais cette chiffonnière de guerre, n'ai-je obtenu de l'Impératrice ni avancement, ni décoration, ni dotation. Sa Majesté
m'ordonnait dans chaque dépêche d'en finir à tout prix, et
cela ne finissait pas. Qu'y a-t-il d'étonnant si je m'irritais, si
je m'emportais, si je sévissais ? La peur rend cruel.

LA COMTESSE.

Vous aviez peur ? vous, vieux soldat ?

LE GÉNÉRAL.

Ce n'est pas pour ma vie que je craignais, mais pour ma
réputation, pour mon avenir, pour mes vingt-cinq ans de service. Savez-vous que j'ai été sur le point d'être disgracié ? Je
craignais aussi pour vous. Vous savez que vos compatriotes ne
vous aiment pas. Ainsi vous partagiez à votre insu mes dan-
gers. Quand donc vous déciderez-vous à partager pour toujours mon bonheur ?

LA COMTESSE.

Vous voyez comme ma famille s'y oppose.

LE GÉNÉRAL.

Le papa nous boude un peu. Soyez tranquille, nous l'apprivoiserons. Il ne sait pas encore l'importance de notre dernière victoire, et déjà, voyez, la crainte ou la politique l'oblige à venir me voir, à m'inviter chez lui. Notre dîner d'aujourd'hui n'a pas réussi, n'importe ; ç'a été notre premier essai. J'ai invité le Palatin à venir ce soir prendre du thé chez moi. Nous recommencerons. Je serai poli, prévenant, même humble avec lui, vous l'assiégerez de vos caresses. Je ferai retentir de temps à autre des promesses, au besoin des menaces. Nous lui livrerons un assaut. Eh, allons, ça ira ! Un peu de gaieté. Je veux être gai, moi, je veux m'amuser aujourd'hui. Je ne veux plus entendre parler guerre ni politique d'ici à un mois. Je suis une recrue en semestre, moi, ha !

LA COMTESSE.

Le prisonnier dont je vous ai parlé a été autrefois confesseur de mon père. Vous avez là l'occasion d'obliger mon père d'une manière délicate.

LE GÉNÉRAL.

Encore ce capucin ! Bon, bon, qu'on ne m'en parle plus. Je vais écrire l'ordre. (*Il cherche du papier.*) Eh bien (*il sonne*), qu'on fasse venir le docteur ! Vous viendrez chez moi, n'est-ce pas ?

LA COMTESSE.

Il faut changer de toilette, ça m'ennuie. Je me sens si fatiguée.

LE GÉNÉRAL.

Je vous attends ici. Nous irons ensemble. (*La Comtesse sort.*)

LE LAQUAIS.

Le docteur. (*Il sort.*)

SCÈNE IV

LE GÉNÉRAL, LE DOCTEUR.

LE GÉNÉRAL.

Vous porterez cet ordre au geôlier de la prison militaire, et vous ferez mettre en liberté l'individu. (*Il sonne.*) Ma voiture ! Vous me ferez demain votre rapport.

LE DOCTEUR.

Vous me permettrez d'abord, mon général, de vous suivre chez vous ce soir. J'aurais à vous parler.

LE GÉNÉRAL.

Aujourd'hui je n'ai pas le temps.

LE DOCTEUR.

Votre Excellence m'accordera une heure...

LE GÉNÉRAL.

Pas une seconde. Je ne veux pas qu'on me parle d'affaires aujourd'hui. Suis-je un forçat, un Sibérien ? On ne me laisse pas...

LE DOCTEUR.

J'ai à vous communiquer, mon général, des nouvelles importantes.

LE GÉNÉRAL.

Bonnes ? Dites-les. Pulawski est-il pris ?

LE DOCTEUR.

Des nouvelles de la plus grande importance et qui réclament toute votre attention. Vous aurez peut-être à ordonner quelques mesures.

LE GÉNÉRAL.

Qu'est-ce donc? Dépêchez-vous.

LE DOCTEUR.

Si vous voulez, mon général, passer dans votre cabinet...

LE GÉNÉRAL.

Nous sommes seuls ici. Fermez la porte. Parlez, dépêchez-vous, je n'ai pas le temps.

LE DOCTEUR, *gravement*.

J'ai l'honneur de prévenir Votre Excellence que, depuis hier, l'horizon politique commence à s'obscurcir, et que la physionomie de la ville de Cracovie décèle des symptômes inquiétants.

LE GÉNÉRAL.

Folie! Comment, à présent? Après leur dernière défaite?

LE DOCTEUR.

Je remarque depuis ce matin qu'il se forme des groupes, des rassemblements, comme si l'on s'attendait à quelque grand spectacle, comme si l'on pressentait quelque grand événement. Les bourgeois s'attroupent, et, s'étonnant de se trouver ensemble, ils paraissent ignorer eux-mêmes la cause de leur mouvement.

LE GÉNÉRAL.

C'est donc déraisonnable : c'est sans conséquence.

LE DOCTEUR.

Au contraire, cela peut avoir les conséquences les plus graves. Jamais le peuple n'est aussi dangereux que lorsqu'il veut avec force, sans savoir précisément ce qu'il veut.

LE GÉNÉRAL.

Nos postes militaires ont l'ordre de surveiller.

LE DOCTEUR.

La foule, arrivant en vue de nos postes militaires, s'arrête en silence, sans provoquer personne. Et puis, sans être provoquée, ni menacée, elle se disperse en silence.

LE GÉNÉRAL.

Se disperse? tant mieux!

LE DOCTEUR.

Et elle s'attroupe sur un autre point. Or, j'ai remarqué à Constantinople, où j'ai eu l'honneur d'être attaché à la mission impériale en qualité de..., j'ai observé à Constantinople qu'un tel symptôme annonce toujours un mécontentement sourd et profond.

LE GÉNÉRAL.

Ces gens, que disent-ils? De quoi parlent-ils?

LE DOCTEUR.

Ils parlent bas, mon général, ils parlent bas! La ville entière a subitement baissé sa voix d'une demi-octave. Or, j'ai remarqué à Venise, où j'ai eu l'honneur d'être attaché à la mission...

LE GÉNÉRAL.

Eh bien, à Venise?

LE DOCTEUR.

Toutes les fois qu'on remarque une telle altération du parler populaire, on sait que les esprits sont malades de quelque projet, et les inquisiteurs d'État se mettent en quête. Aussi ai-je examiné...

LE GÉNÉRAL.

Vous avez bien fait d'examiner. Qu'avez-vous donc trouvé?

LE DOCTEUR.

Patience, mon général. Il est encore à observer (et par vous-même vous pouvez constater la justesse de cette observation), il est à observer, dis-je, que depuis hier les Polonais, en se saluant, se pressent la main avec plus d'énergie que de coutume, avec un geste... comme ça. J'ajouterai qu'ils échangent entre eux des coups d'œil d'intelligence. Or, j'ai remarqué...

LE GÉNÉRAL.

C'est vrai.

LE DOCTEUR.

Or, j'ai remarqué en Suède, où j'ai eu l'honneur d'avoir été...

LE GÉNÉRAL.

Eh bien?

LE DOCTEUR.

En Suède, durant la lutte des royalistes et de la noblesse, lorsqu'un parti laissait voir de tels signes, on était sûr qu'il venait de recevoir quelque encouragement, qu'on était à la veille...

LE GÉNÉRAL.

Donc, que pensez-vous? Qu'en avez-vous conclu? Quelles nouvelles peuvent-ils avoir reçues?

LE DOCTEUR.

Je crois qu'ils ont reçu mieux que des nouvelles. Il est probable qu'ils ont reçu dans leurs murs quelques Confédérés fuyards. On sait comme leur présence électrise partout les esprits.

LE GÉNÉRAL.

C'est possible. Cher docteur, mettez tout en œuvre, examinez, faites prendre des informations; nous verrons.

LE DOCTEUR.

Ordonnez-vous quelques mesures de précaution?

LE GÉNÉRAL.

Contre qui? Qu'est-ce qui serait donc arrivé ici? Où se cacheraient-ils? Pour agir il me faut des données précises. Aucun renseignement...

LE DOCTEUR.

Aucun jusqu'à présent.

LE GÉNÉRAL.

Cependant, comme médecin, vous avez des relations avec tant de monde.

LE DOCTEUR.

Dès le matin j'opérais sans relâche. Je m'attachais aux oreilles de mes patients comme une sangsue; je pompais comme une ventouse. Mais, hélas! je ne pus rien tirer.

LE GÉNÉRAL.

Incroyable! Avec un tel esprit d'observation, tant d'expérience! ne pouvoir rien apprendre! Pourtant ces Polonais sont si bavards, si incapables de dissimuler! c'est un peuple si diaphane...

LE DOCTEUR.

Oui, ils parlent beaucoup; mais ils ne disent jamais le petit fin mot de la chose. On n'a jamais découvert dans cette bavarde Pologne aucune conspiration. La ville est dans ce moment, comme un enfant malade, inquiète et criarde; mais il est inutile de lui demander le siége et le nom de son mal. C'est à nous de le deviner.

LE GÉNÉRAL.

C'est facile; ce mal s'appelle le mal Pulawski.

LE DOCTEUR.

Bien déterminé. On dit que cet aventurier s'est jeté dans les monts Carpathes. Je remarque que les bourgeois de Cracovie tournent trop souvent la tête du côté des montagnes, comme les lazzaroni du côté du Vésuve, ce qui présage une éruption.

LE GÉNÉRAL.

Monsieur Pulawski ne fera pas des Carpathes un Vésuve.

LE DOCTEUR.

Les montagnes sont si près. Il peut bien se glisser dans la ville.

LE GÉNÉRAL.

S'il vient ici, on le découvrira. Je m'en repose sur vous. Je donnerais ma croix de Saint-Georges pour qu'il fût ici. Vous avez son signalement. Allons! observez, tâtez, furetez, lancez vos émissaires! Ah! si je le tenais, cet homme maudit! Je l'espérais déjà, je m'en félicitais déjà! je faisais des projets couleur de rose, et voilà ce trouble-fête!... Docteur, si tu m'aides à amputer cette tête-là, je te nomme chirurgien en chef de l'armée! Je te promets le brevet de conseiller d'Etat.

LE DOCTEUR, *en s'inclinant.*

Mon général! mon général! Dieu sait comme je voudrais sincèrement...

LE GÉNÉRAL.

Si je le tiens... Non, ce serait lui accorder trop de grâce que de le faire pendre. Non, misérable! Tu me payeras cher mes insomnies! Je te prépare... tu serviras d'exemple... L'on s'en rappellera d'ici vingt ans. On tremblera à la seule idée de conspirer.

UN LAQUAIS *entrant.*

Madame la Comtesse est déjà descendue. Elle attend Votre Excellence.

LE GÉNÉRAL.

Dites à Madame qu'elle veuille bien aller chez moi. J'y suis dans un instant. (*Le laquais sort.*) Ah! ça, docteur (*il lui montre un papier*), j'achève, je l'ai promis... oui, il faudra mettre en liberté ce prisonnier.

LE DOCTEUR.

Avec votre permission, mon général, vous feriez mieux de laisser cet homme où il est. Cet homme me paraît dangereux. Il n'est rien moins que moine. Je viens de l'examiner. D'abord sa main droite est plus charnue et plus longue de deux pouces que sa main gauche. Or, c'est l'habitude de manier le sabre qui allonge et renforce ainsi hypertrophiquement les bras des gentilshommes polonais. Preuve qu'il est gentilhomme et vieux soldat. Il porte aussi sur le front certain stigmate qui n'est pas tout à fait séraphique et qui m'a l'air d'un coup de sabre à peine cicatrisé.

LE GÉNÉRAL.

Il a pu servir autrefois. Je préfère qu'on devienne de meunier évêque que d'évêque meunier. C'est plus tranquille. Est-il vieux?

LE DOCTEUR.

Oui, âgé.

LE GÉNÉRAL.

Donc ce n'est pas Pulawski ni de Choisy. Cela me suffit.

LE DOCTEUR.

Oh ! non, mais il peut bien être l'émissaire du fameux capucin Marc, surnommé l'aumônier de la Pologne militante. Peutêtre bien, est-ce Marc lui-même.

LE GÉNÉRAL.

Quelle idée ! D'après les derniers rapports, ce Marc se trouvait à 300 lieues d'ici. Du reste, qu'il s'appelle Marc, Mathieu ou Jean, j'ai promis à la Comtesse sa liberté. Allez, occupez-vous de Pulawski, de lui seul.

LE DOCTEUR.

Une idée me vient, mais j'ose à peine...

LE GÉNÉRAL.

Parlez.

LE DOCTEUR.

Votre Excellence n'ignore pas que madame la Comtesse est, c'est-à-dire était en relations... avec... avec Pulawski.

LE GÉNÉRAL.

Oui, étant enfant ; c'est de l'histoire ancienne. Ce n'est pas de votre département, cela ne vous regarde pas.

LE DOCTEUR.

Je voulais seulement dire que la famille de madame la Comtesse... une famille très-nombreuse... Or, il est possible... probable que quelqu'un de la famille a conservé quelques relations... Et comme madame la Comtesse a beaucoup d'amitié pour Votre Excellence, il serait infiniment avantageux pour le service de Sa Majesté l'Impératrice que madame la Comtesse se

chargeât d'obtenir quelques renseignements, au moyen de...
Si elle voulait par exemple m'employer... suivre mes conseils...

LE GÉNÉRAL.

Signor dottore! Vous n'êtes pas jaloux, vous voulez que
tout le monde soit de votre métier. Vous avez dit une sottise.

UN OFFICIER *entrant*.

Excellence, le Palatin est à la porte de la citadelle. Faut-il
le laisser entrer?

LE GÉNÉRAL *étonné*.

Le Palatin? Et qui vous a dit de lui fermer la porte?

L'OFFICIER.

Excellence, il veut entrer avec toute sa suite, avec ses Tatars
et ses Cosaques.

LE GÉNÉRAL.

Qu'est-ce que cela fait? une dizaine de Cosaques. Faites
ouvrir vite. (*L'officier sort.*)... Je l'ai invité pour ce soir.

LE DOCTEUR.

Je voulais précisément dire que M. le Palatin, pour lequel
je professe la plus haute estime, et sur le compte duquel je
n'oserais rien dire qui pût lui faire le moindre tort... Cependant, bien qu'il soit le père de madame la Comtesse pour
laquelle...

LE GÉNÉRAL.

Eh bien! sans détours...

LE DOCTEUR.

Il me paraît nourrir pour l'ordre de choses actuel des sentiments tout autres que ceux qu'on aimerait voir de... Vous
savez qu'il a été agent des Confédérés à l'étranger. J'ai ici

des notes sur sa conduite. (*Il fouille dans son portefeuille.*) Il vient de recevoir une lettre du duc de Choiseul, il a expédié une lettre pour lord North, il...

LE GÉNÉRAL.

Je sais. Ces ambassades ont échoué. Vous voyez que, de retour de ses courses inutiles, il n'est pas allé dans le camp de Pulawski. Il reste ici tranquille.

LE DOCTEUR.

Mon général, Jules César disait qu'il faut se défier des hommes sombres et secs, quelque tranquilles qu'ils paraissent.

LE GÉNÉRAL.

Il est sombre par caractère. Il nous boudait à cause de certains rapports de famille... mais il commence à entendre raison.

LE DOCTEUR.

Avez-vous observé ses yeux? Ah! général, c'est la plus curieuse paire d'yeux que j'aie jamais notés dans mes signalements; des yeux mille fois plus dangereux que ceux d'un fanatique, lesquels s'enflamment par moment, et puis deviennent troubles et ternes. Le regard du Palatin ne change jamais d'expression ni de direction. C'est le regard d'un joueur de profession ne perdant jamais de vue son enjeu. J'ai une peur instinctive de ses prunelles qui brillent, aiguës et froides, comme les deux bouts d'une paire de ciseaux anglais. Ou je me trompe fort, ou ce regard dénote un homme capable de... Vous riez, mon général?

LE GÉNÉRAL.

Vous craignez le mauvais œil, vous? Allons, les Russes ne sont pas des colibris. Le Palatin ne nous fascinera pas; il n'a qu'à nous regarder. Je ne crains ni sa paire d'yeux, ni le couple de ses inséparables Tatars.

UN LAQUAIS.

Monsieur le Palatin.

LE GÉNÉRAL, *étonné, se lève de son siége.*

Ici! — Il vient chez la Comtesse! C'est extraordinaire.

LE DOCTEUR.

Parlez-lui de ces mouvements dans la ville, je suis curieux de savoir ce qu'il en pense.

SCÈNE V

LES MÊMES, *et le* PALATIN *entrant avec deux hcyduks tatars qui restent à la porte.*

LE GÉNÉRAL, *un papier à la main.*

Monseigneur! heureux, enchanté de vous voir! Madame vient de sortir. — Quelqu'un! — Allez, dites à Madame que Monseigneur...

LE PALATIN *au laquais, d'une voix forte.*

N'allez pas, restez. Mon général, je viens pour vous; j'ai été chez vous, j'ai appris que vous étiez ici.

LE GÉNÉRAL.

Prenons place, je vous prie. Madame la Comtesse sera désolée d'être sortie sitôt.

LE PALATIN *(debout).*

(*A part.*) C'est donc vrai! Jusqu'à ce point! Elle est chez lui, et il fait chez elle les honneurs de la maison. — (*Haut.*) Je viens vous prévenir qu'il me sera impossible de passer la

3

soirée d'aujourd'hui avec vous. Je pars pour la campagne. J'y ai commandé une chasse. On m'y attend. Je vous salue : je vois que vous êtes occupé.

LE GÉNÉRAL.

Ce n'est rien. Il n'y a qu'à signer. (*Il signe.*) Il s'agit d'un prêtre condamné à mort. Je viens d'apprendre qu'il fut attaché jadis à votre maison. Il ne mourra pas.

LE PALATIN.

Vous me faites regretter qu'il n'y ait pas pour le moment autant de personnes attachées à mon service qu'il y en eut autrefois auprès de mes ancêtres. Ces temps sont... (*Un geste.*)

LE GÉNÉRAL.

Je voudrais que toute la Pologne vous fût attachée comme nous le sommes, nous. Eh! qui sait? Chez vous, le trône est électif, ha! ha! — J'accorde à ce prêtre la vie et la liberté. Mais veuillez prendre place...

LE PALATIN.

On appelle l'Impératrice Catherine la Sémiramis du Nord. Vous avez le même droit de vous appeler le Titus de Cracovie. Je n'aspire pas aussi haut, mais j'aime l'histoire ancienne.

LE GÉNÉRAL.

J'accordai, il n'y a pas long-temps, la vie à ce fou de Lithuanien, vous savez, qui, pour faciliter la fuite de Pulawski avait pris son nom, et qu'on allait pendre à la place de Pulawski. N'est-ce pas de l'histoire ancienne? Mais c'est romain ou plutôt romanesque. C'est un dévouement extraordinaire.

LE PALATIN.

Il y a des personnes qui trouvent cela extraordinaire.

LE GÉNÉRAL.

Moi, je comprends, j'aime le dévouement d'un soldat pour son chef ; — mais d'où vient que des citoyens tranquilles, des bourgeois de Cracovie par exemple, se prennent d'une telle passion pour monsieur Pulawski, c'est ce que je ne conçois pas.

LE PALATIN.

Oui, il y a des personnes qui ne conçoivent pas cela.

LE GÉNÉRAL.

Vous avez connu Pulawski?

LE PALATIN.

Je ne l'ai pas connu. Il a été élevé chez moi, mais il était alors enfant. Je connais maintenant Pulawski, comme vous le connaissez aussi. Connaître les actes d'un homme, c'est connaître l'homme lui-même.

LE GÉNÉRAL.

On dit qu'il est très-éloquent.

LE PALATIN.

Il paraît que vous le surpassez en action.

LE GÉNÉRAL.

On prétend qu'il circule des rumeurs dans la ville... Croyez-vous que ce vagabond, s'il échappe à mes cosaques, puisse encore susciter des troubles?

LE PALATIN.

S'il recommence la guerre?

LE GÉNÉRAL.

Oui !

LE PALATIN.

Vous la continuerez de votre côté.

LE GÉNÉRAL.

Très-certainement. J'en serais fâché pourtant, car n'est-ce pas assez? — Que de sang, que de ruines! Et pourquoi? Parce qu'un M. de Choisy, avec quelques aventuriers français, veut gagner ici des épaulettes de général, et qu'un petit gentilhomme veut gouverner la République, comme si le roi Stanislas n'existait pas. L'Impératrice ne souffrira jamais un tel état de choses. Et, supposons même qu'on détrône le roi, je connais en Pologne des hommes d'une naissance assez illustre...

LE PALATIN.

Je ne sais pas si Pulawski veut devenir staroste, hetman, palatin ou roi, c'est possible. Je ne conçois pas qu'il veuille devenir gouverneur. De mon temps cette charge n'existait pas en Pologne. Du reste, jusqu'à présent, je ne me suis pas mêlé de cette guerre.

LE GÉNÉRAL.

Oh! nous n'avons qu'à nous louer de vous. On vous a dénoncé à l'Impératrice, mais je me suis toujours porté garant de votre conduite.

LE PALATIN.

Merci, mon général. Je tâcherai de me faire connaître davantage, de me faire connaître tel que je suis. Je vous salue.

LE GÉNÉRAL.

Ah! vous partez? Et pour longtemps?

LE PALATIN.

Pour un jour. C'est près d'ici, dans les monts Carpathes.

LE GÉNÉRAL.

Vous allez chasser? J'aime la chasse, ces maudites affaires ..

LE PALATIN.

J'allais vous y inviter, mais je vous trouve occupé. Du reste, ce ne sera pas précisément une chasse. Je vais seulement faire faire des préparatifs. Il y a longtemps que je n'ai visité mes terres. Dans quelques jours, j'arrangerai une chasse digne de vous et d'un palatin, qui est en même temps grand-veneur de la Couronne. J'espère que vous me ferez l'honneur d'essayer nos fusils. Je vous salue. (*Il sort.*)

SCÈNE VI

LE GÉNÉRAL; LE DOCTEUR.

LE GÉNÉRAL.

Un Sarmate tout cru.

LE DOCTEUR.

Que pensez-vous de cette chasse?

LE GÉNÉRAL.

C'est un peu bizarre. Si subitement, dans ce temps de troubles.

LE DOCTEUR.

Ce que j'observe dans la ville me fait pressentir ce qui se passera dans les montagnes. On y rassemblera les mécontents des environs, on se concertera, on se comptera.

LE GÉNÉRAL.

Cependant, il m'en a prévenu lui-même.

LE DOCTEUR.

C'est précisément ce qui me donne des soupçons. Vous oubliez qu'il a été diplomate.

LE GÉNÉRAL, *pensif.*

Il faut que nous ayons des nouvelles de cette chasse. Avez-vous des agents dans les montagnes ?

LE DOCTEUR.

A la campagne? Non. Le pays est trop barbare pour y organiser une police honnête ? Mais, général, si vous y alliez vous-même? Faites-vous inviter, ou allez-y comme ça pour une partie de plaisir. Vous les surprendrez en flagrant délit de consultations. Nous observerons le nombre, les physionomies. Qu'en pensez-vous, mon général ?

LE GÉNÉRAL.

Pas mal imaginé. Ce n'est pas incompatible avec l'honneur militaire que d'observer ainsi l'ennemi. Nous en reparlerons. Après le bal, venez chez moi. Ma voiture. (*Le docteur sort.*)

LE GÉNÉRAL, *seul.*

Serait-il possible? Si ce Palatin... Ces Cracoviens sont si fous, si remuants! Si ce Palatin?... Une seule tentative de sa part me ferait perdre dans l'esprit de l'Impératrice. Je me suis porté garant de sa fidélité. L'Impératrice m'a reproché plus d'une fois ma liaison avec la Comtesse. Une seule tentative et mes vingt-cinq années de service, mes blessures !... Non, messieurs les Polonais, si vous me faites tomber en disgrâce, malheur à vous ! Je ferai tomber, je le jure par ma croix de Saint-Georges, je ferai tomber en poussière les cent clochers de votre capitale, et, si je la détruis, ce ne sera pas M. dé Choisy avec ses auxiliaires français qui la rebâtira.

FIN DU PREMIER ACTE

DEUXIÈME ACTE

Contrée sauvage dans les Carpathes.; à gauche un rocher surmonté d'une chapelle; à droite une chaîne de montagnes; au fond une maison de campagne, rendez-vous de chasse; plus loin un chêne immense. Le soleil se couche.

SCÈNE PREMIÈRE

PULAWSKI; M. DE CHOISY; ZBROY.

PULAWSKI (*en habit de confédéré, fusil en bandoulière, sabre au côté, pistolets dans la ceinture*).
Par ici, monsieur de Choisy, par ce ravin.

DE CHOISY (*en uniforme, sans armes. Il marche lentement*).
Zbroy, mon ami, sommes-nous loin de ce rendez-vous?

ZBROY (*en habit de chasse*).
Nous y sommes, monsieur. Voyez cette façade garnie de bois de cerfs et de têtes de sangliers. (*Choisy s'assied par terre, ouvre un paquet et examine des papiers.*)

PULAWSKI (*regardant tout autour de lui*).
Vrai! C'est cela! Je m'y reconnais. Salut, montagnes chéries, sol natal, rochers des Carpathes! Je revois enfin vos fronts sourcilleux, vos cimes nues comme les têtes rasées de nos Confédérés! Salut, mes vieilles moustaches de mousse! Vent des Carpathes, sifflez! C'est cela, sifflez, vents chéris. Votre sifflement m'endormait jadis sur un berceau de granit.

Je reconnais cette rocailleuse et forestière mélodie : c'est la chanson de nourrice de la famille de Pulawski !

DE CHOISY (*tristement*).

Mes plans, mes notes ! Tout a péri dans cette Vistule ! Eh, tant mieux ! Je voudrais que ma mémoire y eût été engloutie en même temps. Que faisons-nous ici ? Pourquoi m'a-t-il tiré de l'eau ? C'est honteux d'être sauvé du naufrage de tout un peuple. Malheureux peuple !

PULAWSKI.

Maudites forêts de Lithuanie, maudites steppes de l'Ukraine ! Voilà sept ans que je n'ai respiré une seule fois aussi librement, doucement, largement ! C'est la seule atmosphère polonaise. Que le ciel est grand ici ! Choisy, voyez donc : d'ici l'œil embrasse dix fois l'horizon.

DE CHOISY.

Oui, elle paraît vaste, belle, cette terre de larmes et de sang. Je ne veux plus regarder de ce côté. (*Il détourne la tête.*)

PULAWSKI.

Tu es fatigué. (*En s'asseyant et se relevant aussitôt.*) Je tombais de fatigue, moi ; mais je suis comme un boulet de canon : à peine ai-je touché ce rocher natal, que je me sens la force de rebondir jusque sur la grande place de Cracovie.

DE CHOISY.

Ils ont péri ! Brave Bellemont, valeureux Laguette-Mornay... morts, ô mes amis, morts, par les mains de ceux... Et de quelle mort ! Non, je ne raconterai pas en France les détails de votre martyre, car ils n'auront pas le courage de vous venger.

PULAWSKI.

Qu'est-ce? Tu es pâle? Tu n'es pas blessé, j'espère?

DE CHOISY.

Blessé? Oui, blessé dans l'âme, blessé à mort. Je ne suis plus bon à rien. Pourquoi veux-tu que je vive désormais?

PULAWSKI.

Fais-tu une élégie? Triste métier pour un chef d'état-major. Qu'est-ce que tu te lamentes comme un amoureux? Es-tu amoureux?

DE CHOISY.

D'une folle, de votre folle Pologne. Et Dieu sait comme je l'ai aimée! — Quelles nouvelles irais-je porter en France? On vous aime en France. Tout le monde vous aime. Le vieux baron, mon père, nommait la Pologne la sœur de la France en Jésus-Christ. En me bénissant, il m'ordonnait de lui apporter de votre terre qu'il appelle le reliquaire du monde chrétien. Mon frère, qui est philosophe, admire la Pologne parce qu'elle est République. J'y rêvais, moi, des Godefroys, des Brutus. Qu'ai-je trouvé? des discordes, des désordres! Je suis trahi, c'en est fait de mes plus chères illusions. La Pologne m'a trahi.

PULAWSKI.

Ah! tu chantes le refrain de Dumouriez! déjà? Tu admirais cependant nos Brutus à grandes moustaches et nos Godefroys républicains. Tu te sentais heureux en courant les forêts et les steppes. Qui donc a changé, de nous ou bien de toi, Choisy?

DE CHOISY.

Oui! Vous êtes toujours les mêmes. Oui, vous êtes tels que je vous rêvais. Car ce seul nom de Polonais m'apparaissait panaché, lancier, sabrant. Oui, chacun de vous est un géant, je le sais ; mais, pris ensemble, vous ne faites qu'un nain : voilà ce que je ne savais pas.

PULAWSKI.

C'est vrai que ces chefs lithuaniens, ces chefs de l'Ukraine, ils ont tout gâté. Sans eux... mais n'importe ! Nous voici seuls : et, par Dieu ! nous nous suffirons. Le père Marc nous a prédit que nous mourrons en combattant pour la même cause, une cause victorieuse. Mais où est-il ? Zbroy, allez chercher le père Marc. Il doit être là-bas. (*Zbroy sort.*)

DE CHOISY.

Ce prêtre a prédit à Dumouriez qu'il aura entre ses mains le sort d'une nation, d'un roi. Voilà Dumouriez parti, et votre sort n'a pas changé.

PULAWSKI.

Il reviendra avec une armée. La prophétie du père Marc est aussi infaillible que son sabre.

DE CHOISY.

Eh bien, soit ; attendons l'accomplissement de cette prophétie. Au fait, il y a quelque chose de mystérieux dans cette sympathie entre nos nations, et entre nous deux, Casimir ; car je t'aime, toi. Allons en Amérique, mais ne restons plus ici. Il n'y a plus rien à faire en Europe ! L'Europe se meurt, elle mourra sans postérité. Voilà son enfant le plus jeune et le plus robuste, notre Pologne, morte ! Allons, mon ami ; Lafayette est déjà célèbre. Tu y trouveras ton ami Kosciuszko. Il est vrai que je n'aimerai plus l'Amérique comme j'aimais la Pologne. On n'aime qu'une fois, non ! mais nous aurons un peu de gloire, nous laisserons des noms retentissants : c'est quelque consolation.

PULAWSKI.

Je me soucie fort peu de cette gloire d'outre-mer. Être célèbre dans des pays où je n'ai ni père, ni mère, ni ami ! Si tous les Français, tous les Allemands, tous les Turcs, y compris les Russes, prononçaient mon nom en l'estropiant, qu'est-ce que cela me ferait ? Choisy, restons ici ! Soyons célèbres ici ! Que nos rivaux crèvent d'envie, et nos contempteurs du regret d'avoir méconnu notre mérite ! Que nos parents se glorifient d'avoir de notre sang dans leurs veines ! (*En baissant la voix.*) Eh..., il y a sur ce rocher des traces d'un petit pied après lequel je courais jadis. Que cette ingrate meure du regret de m'avoir répudié ! Voilà de la gloire vivante, chaude. J'aime les échos, mais il faut que je les entende. (*Il chante.*) Hé ! Salut, montagnes chéries !...

DE CHOISY.

Qne comptes-tu donc faire ici ? A moins que tu ne persuades à ces montagnes chéries d'accéder à la Confédération et de marcher en masse contre les Russes !

PULAWSKI.

Il ne s'agit de rien moins que de cela. Le Palatin est ici le seigneur de plusieurs villages montagnards ; il commande les chasseurs royaux ; il m'a fait venir ici ; il entre dans la Confédération ; nous aurons une armée ; nous avons des intelligences dans la ville. Le Palatin revient de l'étranger : on nous promet des secours.

DE CHOISY (*en se levant*).

Des chasseurs? Des montagnards? On dit qu'ils manient bien la hache.

PUŁAWSKI.

Certainement. Ils valent bien nos faucheurs de la plaine.

DE CHOISY.

Combien de milliers peut fournir le Palatin? Voyons, combien?

PUŁAWSKI.

Je ne sais pas, mais beaucoup. Vous les compterez.

DE CHOISY.

Vrai Polonais! Impossible de lui parler arithmétique. Qui sait? si l'on pouvait former, discipliner quelque infanterie; il nous reste encore quelques débris de mon régiment français. Mais où sont-ils?

PUŁAWSKI.

Là-bas, dans le ravin. Vous les réunirez aux nôtres. Vous disciplinerez, vous formerez. Personne ne vous empêchera.

DE CHOISY.

Mais les vôtres voudront-ils obéir?

PUŁAWSKI.

Oh! le Palatin sait bien se faire obéir.

DE CHOISY.

Je crains qu'il ne fasse tout à sa guise, comme les autres chefs.

PUŁAWSKI.

Sois tranquille. Il me donne le commandement suprême. Tu seras mon chef d'état-major. Ou plutôt tu commanderas et j'exécuterai. Allons, du courage!

DE CHOISY.

As-tu quelques cartes? Il me faut le plan de ce ravin qui débouche vers la ville.

PULAWSKI.

Le plan est gravé sur mes talons. J'en connais toutes les pierres.

DE CHOISY (*haussant les épaules*).

Il faut pourtant tracer quelques lignes, du moins à la hâte... (*Il prend un crayon et du papier.*)

PULAWSKI.

Quand vous aurez entendu le son du cor, ce sera le signal. Venez et amenez les restes de votre pauvre infanterie. (*De Choisy sort.*)

SCÈNE II

PULAWSKI; LE PÈRE MARC; ZBROY.

PULAWSKI.

Père Marc, où êtes-vous resté si longtemps?

LE PÈRE MARC (*en froc de capucin*).

Jeune homme, tu oublies que je traîne la charge de mes soixante-dix ans, et que ces pieds portent encore l'empreinte des fers russes qui font vieillir de quelques années dans une seule nuit.

PULAWSKI.

Reposez-vous; nous sommes au rendez-vous. Voilà les montagnes dont je vous ai tant parlé! N'est-ce pas beau? Que ne puis-je m'élancer dans les airs comme ce jet d'eau, voler de pic en pic comme cet aigle, m'étendre là-haut comme ce glacier, et de là, d'en haut... Père Marc, voyez-vous cette tache noire?

LE PÈRE MARC.

Où?

ZBROY.

C'est un aigle.

PULAWSKI.

Le vieux a vu juste. Voyez ce reflet de soleil sur ce plumage blanc. De par le ciel, c'est un aigle blanc, l'aigle de nos drapeaux! Père Marc, qu'en dites-vous, vous qui êtes prophète? Quel bon augure est-ce là?

ZBROY (*tristement*).

L'aigle tire à gauche.

PULAWSKI.

C'est ce qu'il y a de plus heureux. Il nous mène droit à Cracovie.

LE PÈRE MARC.

La ville est donc par là?

PULAWSKI.

Ne reconnaissez-vous pas la chapelle de Notre-Dame de Pologne que vous montriez à nos soldats. C'est de là, disiez-vous, que la Vierge, notre reine, nous regardait combattre.

LE PÈRE MARC (*en s'inclinant, fait un signe de croix*).

Puisse-t-elle éclairer nos conseils! Pulawski, je connais vos projets. Vous tentez une entreprise difficile et nous voilà restés seuls de toute notre armée.

PULAWSKI.

Les Russes ont estimé ma tête trente mille ducats. C'est le prix d'un millier de leurs serfs. D'après leur tarif, je vaux un

bataillon. D'un coup de pied je ferai sortir du sein de ces rochers des torrents de guerriers. Et vous, père Marc, vous êtes
une armée à vous seul. Faites seulement retentir à Cracovie
votre voix de cloche d'alarme qui secoue les populations en-
tières.

LE PÈRE MARC.

Si nous repassions la Vistule ? Si nous pouvions encore faire
insurger la Lithuanie, l'Ukraine ? Nous y avons des partisans.

PULAWSKI.

Au lieu d'y aller, envoyons-y un courrier et deux mots :
Cracovie est prise ; ces deux mots portés d'écho en écho feront
insurger tout ce qu'il y a d'insurgeable. Quant aux Cracoviens,
ils ont pour vous un véritable culte : d'un mot, vous pouvez
soulever...

LE PÈRE MARC.

Soulever Cracovie où il y a tant de Russes ? Après notre
dernière défaite, les bourgeois sont encore effrayés.

PULAWSKI.

Le Palatin le veut absolument.

LE PÈRE MARC.

Le Palatin ? où est-il ?

PULAWSKI.

Il chasse près d'ici, dans la vallée des ossements tatars. Zbroy,
allez dire à Monseigneur que nous sommes ici. (*Zbroy sort.*)

LE PÈRE MARC.

Je connais le Palatin. Il est patriote, mais il met les intérêts
de son orgueil avant ceux de sa patrie. Je me défie de lui.

PULAWSKI.

Vous avez confiance en moi. Je pense, d'accord avec le Pa-

latin, que, pour relever notre cause, il faut prendre Cracovie
le plus tôt possible. Je l'aurais fait il y a longtemps, si ces chefs
jaloux... et puis ce brave de Choisy avec ses maudits calculs
stratégiques...

LE PÈRE MARC.

D'où vous est venue une idée si subite ?

PULAWSKI.

Mon Dieu, c'est mon idée la plus fixe, la plus intime ! J'ai
passé ici ma jeunesse. Que voyais-je chaque jour d'ici?
Cette ville. Regardez les fenêtres de la cathédrale qui brillent
là, rouges, étincelantes. C'est sous l'influence de cette cons-
tellation couleur de sang que je suis né. Oui, je me sens des-
tiné à être le libérateur de cette capitale.

LE PÈRE MARC.

Et si je pense que, dans l'intérêt de notre cause, vous devez
abandonner pour le moment...

PULAWSKI.

L'abandonner? Père Marc, je ne vous reconnais pas. Vous,
grand aumônier de la Pologne militante! Le découragement
gagne enfin jusqu'à vous. Je ne vous reconnais pas. L'abandonner! Regardez-la donc, cette malheureuse ville. La voyez-
vous étendant sur la Vistule ses grands faubourgs comme des
ailes d'aigle? Elle ressemble bien d'ici à notre aigle blanc
blessé, étendu à terre, expirant ! Noble cité! Berceau de
notre vieille république, tombeau de nos héros! Rome slave !
Te voilà depuis six ans aux pieds de l'étranger, enchaînée,
foulée. Et nous en sommes si près! Père Marc, quelle gloire
pour nous, si nous la relevons, si nous effaçons de son front
cette marque d'ignominie, ce drapeau noir qui flotte là-bas

comme un drap mortuaire à la porte de la maison d'un tré-
passé. Si demain, nos vieilles connaissances, nos amis nous
saluaient!...

LE PÈRE MARC.

Pulawski, calme-toi, au nom du ciel! Nous avons besoin
de toute notre présence d'esprit, de tout notre sang-froid. Il
ne s'agit pas de notre gloire, il s'agit de notre cause.

PULAWSKI.

Me voilà froid comme la source de la Vistule.

LE PÈRE MARC.

Plût au ciel que ta conscience fût aussi pure que cette
source!

PULAWSKI.

Que voulez-vous dire?

LE PÈRE MARC.

Casimir! Nous n'avons d'espoir qu'en Dieu. Dieu ne protége
que des intentions pures. Mon fils, dis-moi franchement, je t'en
conjure au nom du Seigneur, dis-moi, aimes-tu encore cette
femme là-bas? L'idée de la revoir, de la saluer en vainqueur,
de la conquérir, cette idée vaniteuse entre-t-elle pour rien
dans tes projets patriotiques?

PULAWSKI.

Qui? Que dites-vous? La Comtesse?

LE PÈRE MARC.

Tu rougis!

PULAWSKI.

De honte! L'aimer, moi? Elle m'a refusé, lorsqu'elle était in-
nocente et pure, et... par Dieu! je n'en suis pas mort, je m'en

4

consolai. Et maintenant cette femme perdue, maîtresse d'un...
Moi?

LE PÈRE MARC.

Dieu en soit loué! Mon fils, embrasse-moi. Je t'éprouvais.
Je craignais que quelque ver d'égoïsme ne se fût attaché
au germe même de ton entreprise. Malheur à nous, si nous
sacrifions le sang d'autrui à nos passions. Mais tu es pur,
mon fils. Ne crois pas que je m'intéresse moins que toi au
salut de cette capitale, fille aînée de notre Eglise. N'ai-je pas fait
le vœu de combattre jusqu'à ce qu'elle soit délivrée des mains
des schismatiques. J'ai dans cette ville, oui, j'y ai ma bien-aimée
à moi, ma cellule solitaire, où j'ai goûté cette paix, cette féli-
cité, dont le souvenir me soutient au milieu de... Si je pouvais
enfin accomplir mon vœu, vous rendre la liberté, pour retourner à ma délicieuse prison! Mais je soumets mes désirs aux
intérêts de notre cause. Si pour le bien de notre cause, il faut
tenter cela; si tu agis sincèrement, mon fils, j'ai un pressentiment... oui, j'ai la certitude que Dieu livrera l'ennemi
entre nos mains.

PULAWSKI.

Si vous me le promettez, je le tiens déjà. De par le ciel, votre
barbe tournée vers l'ennemi m'a l'air d'une avalanche prête à
crouler sur sa tête.

LE PÈRE MARC.

Quel bruit est-ce? Un coup de canon!

PULAWSKI.

Les Russes tirent des salves. C'est le *Te Deum* pour leur
dernière victoire. Ils veulent effrayer la ville.

LE PÈRE MARC (*d'une voix solennelle*).

Te Deum! Ils célèbrent des fêtes... misérables schismatiques! Ainsi faisait, la veille du déluge, la race maudite en vue de l'arche de Noé. Triomphez! réjouissez-vous! Et déjà les anges de colère descendent du ciel, et, debout sur la cime de l'Ararat, déjà ils lèvent les écluses des grandes eaux, ils déployent dans les nuages la bannière flamboyante du tonnerre. (*On entend le son du cor*).

PULAWSKI.

C'est le signal de Żbroy. Le Palatin arrive.

LE PÈRE MARC (*en montrant la chapelle*).

Je m'en vais réciter mes prières du soir. Que de fois, en célébrant la messe au milieu des forêts et des marais, je faisais en esprit le pèlerinage vers ce sanctuaire! (*Il sort.*)

SCÈNE III

PULAWSKI ; ZBROY.

PULAWSKI.

Je suis curieux de voir si vos montagnards me reconnaîtront. Il y a longtemps que j'ai quitté le pays.

ZBROY.

S'il vous reconnaîtront? Allez, on vous connaît bien ici. De quoi parle-t-on ici depuis six ans, de quoi, je vous prie, si ce n'est de vous? On chante des mazurkas sur vous, allez, des mazurkas sur vous, de votre vivant.— Quelle gloire! Mais c'est une gloire à nous : vous êtes montagnard.

PULAWSKI.

Je dois avoir beaucoup changé. Et ici tout est dans le même

état. Ah! ce chêne... C'est ici qu'en partant pour la guerre j'ai fait mes adieux à... à tout ce que j'ai aimé.

ZBROY.

Madame la Comtesse, toutes les fois qu'elle vient, s'arrête ici.

PULAWSKI.

Elle vient ici?

ZBROY.

Souvent. Elle a beaucoup changé. L'avez-vous vue? Comme elle a maigri! —Comme elle regrette le temps qne nous avons passé ensemble! Elle ne fait que parler de vous.

PULAWSKI.

De moi? Qu'a-t-elle à dire?

ZBROY.

Comme c'était gai alors! Vous en souvient-il? Lorsqu'elle courait ici, avec sa longue chevelure blonde que vous appeliez la cascade d'or. Et maintenant le Palatin est devenu sombre, triste. Plus de fêtes!

PULAWSKI.

Que disait-elle de moi?

ZBROY.

Depuis quelque temps elle craignait pour vous quelque malheur. « Zbroy, me disait-elle, le Gouverneur en veut à notre pauvre Casimir. Il lui en veut tant qu'il cherche à le tuer. » Je le crois bien; il craint que vous n'épousiez madame Caroline dont il est amoureux.

PULAWSKI.

Moi? — L'épouser...

ZBROY.

Autrefois c'était difficile. Fille d'un Palatin! — Mais maintenant vous êtes un homme si célèbre. Ah! si vous vous éta-
blissiez ici avec madame. On vous y aimerait tant, vous auriez
le meilleur équipage de chasse de la Pologne et du Grand-
Duché. Il n'y a pas de chasseur qui ne vous fît cadeau de
son meilleur faucon, de son meilleur lévrier.

PULAWSKI.

Vous rêvez, mon vieux. C'était gai ici, oui... (*A part.*)
Quelquefois je voudrais qu'il n'y eût ni guerre, ni gloire, ni
Russie, ni Pologne. — Mais c'est passé, passé.

SCÈNE V

LES MÊMES, LE PALATIN, *en habit de chasse, entouré de Tatars et de Cosaques, suivis de montagnards et de chasseurs
qui prennent place à gauche;* DE CHOISY, *avec un détachement d'infanterie régulière, entre par la droite.*

PULAWSKI (*allant vers le Palatin*).
Nous attendons vos ordres, monseigneur.

LE PALATIN.

C'est vous! (*En lui prenant la main.*) Vous avez grandi,
monsieur, oui, grandi de toutes les manières. (*En baissant la
tête et la voix.*) Il n'y a que vous qui ayez grandi. Et nous? —
Qu'ai-je trouvé à mon retour dans la République, dans ma
maison?

PULAWSKI.

Je vous présente le commandant de Choisy.

LE PALATIN (*en lui prenant la main*).

Vous n'êtes pas comme ces alliés... (*Avec un geste de mépris*). Vous êtes notre allié par le sang que vous versez pour nous. Je vous estime. Je reviens de l'étranger. Ces étrangers sont (*un geste de mépris*)... Il y a peu d'étrangers qui vous ressemblent. Je vous estime beaucoup.

DE CHOISY.

Quelle espérance y a-t-il? La France nous enverra-t-elle enfin des munitions? L'Angleterre se prononcera-t-elle? Vous avez été en Angleterre? On dit dans les journaux...

LE PALATIN.

Dans ces pays, il y a plus loin de parler à agir que d'ici à Cracovie.

DE CHOISY.

Se peut-il, mon Dieu! Ainsi on vous abandonne! J'espèrais toujours que les nations civilisées ne laisseraient pas ainsi...

LE PALATIN.

J'ai cru à votre civilisation : j'ai eu tort. J'ai fait élever mes enfants par des hommes civilisés : j'ai eu tort. Aussi, en repassant la frontière de mon pays, ai-je secoué la poussière de cette civilisation. Je redeviens un de mes ancêtres, un barbare!

DE CHOISY.

Que comptez-vous donc faire?

LE PALATIN.

Agir! — Zbroy, qu'on apporte les tonneaux de poudre et d'hydromel qui sont là. (*On court à la maison de campagne voisine et on en tire des tonneaux.*)

DE CHOISY, *à Pulawski*.

Il ne sera pas aussi facile à mener que tu le pensais.

PULAWSKI.

Il me remettra le commandement, et alors...

LE PALATIN (*en élevant la voix*).

Enfants! Vous croyez la chasse finie? elle ne fait que commencer. Nous allons maintenant relancer une bête plus sauvage que le bison de Lithuanie, plus vorace que le serpent
gigantesque de l'Ukraine. J'irai tout droit à la bauge du
monstre. Etes-vous prêts à me suivre?

LES CHASSEURS ET LES MONTAGNARDS.

Tous, monseigneur!—Tous!

ZBROY.

De par saint Hubert, le patron des chasseurs! Fût-ce même
contre ce dragon qui habitait jadis Cracovie et dévorait chaque
jour un bourgmestre et trois échevins, nous irons!—Ce fusil...
Que j'y mette une balle bénie.

LE PALATIN.

Silence!—Je suis vieux. Le comte Adolphe, mon enfant
unique, est trop jeune. Pour diriger une telle chasse, il vous
faut une tête verte, un bras exercé. Je vous présente le colonel Pulawski, votre ancienne connaissance.

LE CHASSEURS (*en accourant*).

Est-ce vous?—C'est lui!—Vive Casimir Pulawski!!

LES MONTAGNARDS.

Vive Pulawski, le fils aîné des montagnes!

LE PALATIN.

Montagnards! tout le droit que j'ai à votre obéissance comme
votre seigneur, je le reporte sur sa tête. (*Il lui pose la main*

sur la tête.) Je l'adopte pour mon fils en République. Chasseurs, voici ce cor d'argent qu'ont porté treize générations de grands-veneurs de la Couronne, mes ancêtres. Cet insigne de ma dignité, je l'abdique entre ses mains.

PULAWSKI.

Noble seigneur ! Je suis fier de pouvoir m'appeler votre fils. Ce cor, qui effrayait les bêtes fauves de la montagne, va retentir dans toutes les plaines de notre vaste République, et porter l'épouvante parmi les monstres qui la dévorent.

LE PALATIN.

Qu'on défonce ces tonneaux ! Distribuez les vivres, les cartouches. Soupez vite, chargez à balles forcées.

DE CHOISY.

Comment ! vous allez vous mettre en marche ?

LE PALATIN.

Oui.

DE CHOISY.

Dans la plaine ? Avez-vous de la cavalerie ?

LE PALATIN.

Vous avez passé par la vallée des ossements tatars. Ces ossements couvrent l'espace de deux lieues. Nos ancêtres y détruisirent et enterrèrent tout un peuple de cavaliers tatars qui menaçaient la chrétienté.

DE CHOISY.

Pulawski...

PULAWSKI (*au Palatin*).

Monsieur de Choisy pense qu'il vaudrait mieux attendre jusqu'à ce qu'on eût organisé notre infanterie. Pendant ce temps on disciplinera...

LE PALATIN.

Attendre ! Monsieur Pulawski, l'opinion publique nous accuse déjà d'avoir traîné la guerre. Du reste, je vous ai remis le commandement pour avoir les mains libres. (*Il retrousse ses manches.*) C'est à vous à consulter les intérêts de la patrie. Je ne consulte plus que ceux de mon honneur héréditaire : il me défend d'attendre. Je ne pourrais me résigner à ce délai, même si je n'en mourrais pas. Mon ami, je suis trop vieux pour attendre.

PULAWSKI.

On m'accuse de traîner la guerre ? Qui ? Les chefs jaloux ! Oui, vous avez raison, le plus tôt sera le mieux. Ils verront.

DE CHOISY.

Comment ! Je ne parle même pas de la ville ; mais si l'on nous attaque dans la plaine ? sans ordre ? sans...

LE PALATIN.

Tirez-moi cet épervier. (*Quelques coups de fusil partent et l'oiseau tombe.*) Montagnards, coupez-moi ce chêne. (*Une vingtaine de montagnards lancent de loin leurs haches et atteignent le chêne.*) Amis, les Russes volent moins vite que l'épervier et ils sont moins durs à tailler que ce chêne.

DE CHOISY.

Vous êtes donc décidé?

LE PALATIN.

Décidé.

PULAWSKI (*à de Choisy*).

Que veux-tu? Il est opiniâtre. Dès que nous serons à Cracovie, on me proclamera maréchal, et alors...

DE CHOISY.

Messieurs, je ne comprends pas vos projets. Je ne peux pas sacrifier ces braves (*en montrant son infanterie*). J'en suis responsable devant ma conscience, devant mon gouvernement.

LE PALATIN.

C'est juste ; notre cause est à ce point que vous pouvez l'abandonner sans manquer à vos instructions, à votre honneur. Au nom de la République, je vous décharge de vos obligations. — Vous voilà libre. Pour nous, c'est différent. (*En lui prenant la main.*) Je vous estime.

DE CHOISY.

Voilà donc les derniers Polonais qui vont à la mort, la dernière goutte de sang polonais qui va couler ! — Eh bien, je ne suis plus employé de mon gouvernement. Je ne suis qu'un Français ; il ne sera pas dit que la France abandonne la Pologne. Soldats français ! me voici resté seul de vos officiers. Je ne vous commande plus. Vous êtes libres de me suivre ou non. Pulawski, j'irai avec vous.

LES SOLDATS FRANÇAIS.

Nous irons tous, commandant. La Pologne, c'est la France. Allons !

PULAWSKI (*haut*).

Enfants ! Je vous annonce que nous allons contre les Russes. Nous allons délivrer Cracovie. A bas les Russes !

LES CHASSEURS ET LES MONTAGNARDS.

A bas les Russes ! A bas les Russes ! Vive Pulawski ! Vive monseigneur le Palatin ! Vivent les Français !

PULAWSKI.

Nous sommes peu nombreux ; mais, du temps de nos ancêtres, il advint une fois que toute la Pologne fut conquise, et le roi Ladislas se cachait ici...

ZBROY.

Oui, dans cette grotte.

PULAWSKI.

Fort de son droit et de la bénédiction du Pape, il s'élança d'ici, impétueux comme la Vistule. Vos pères le suivirent comme les torrents des Carpathes, et ils balayèrent l'ennemi jusque dans la mer. Voyez cette belle Vistule se dérouler au loin comme un ruban bleu. Elle nous montre le chemin de Cracovie, de Varsovie, de la Baltique.

LES MONTAGNARDS ET LES CHASSEURS.

Allons à Varsovie, — jusqu'à la mer.

PULAWSKI (en buvant).

A votre santé! Mort aux Russes! Cornemuses en avant. Entonnez la chanson de la reine Wanda. (Les chasseurs et les montagnards boivent et chantent). — (En montrant le Père Marc qui revient de la chapelle.) Voyez, voyez ce saint homme. C'est le Père Marc, l'aumônier de la Pologne militante! Il nous apporte la bénédiction du Pape.

LES CHASSEURS ET LES MONTAGNARDS.

Le Père Marc! le fameux, le miraculeux! Vive le Père Marc. (Ils courent à lui.) A la santé du Père Marc!

LE PÈRE MARC (avec douleur).

Insensés! Impies! Est-ce ainsi que vous proclamez la guerre du Seigneur? Cessez ces cris, n'insultez pas à mes oreilles. Elles sont encore toutes pleines du râle des agonisants que j'ai vus égorgés au pied des autels. — Misérable! Ote-toi avec cette coupe. (Il repousse la coupe.) Tu as mêlé ton vin maudit au sang dont mes habits sont encore trempés, au sang des enfants que les Cosaques portaient sur leurs piques et dont ils ont brisé les têtes sur le seuil de la maison paternelle. Je viens d'enterrer ces victimes innocentes. Ne me touchez pas. Cet habit est devenu saint comme une relique.

LES CHASSEURS ET LES MONTAGNARDS.

Horreur! Quelle horreur! Vengeance! Mort aux Russes! Vengeance! En avant!

LE PÈRE MARC.

Héros vengeurs! Vous êtes si forts, si confiants. Et pourquoi donc le sabre de vos nobles s'est-il brisé comme un roseau contre l'épée russe? Pourquoi les conseils de vos sénateurs se sont-ils évanouis comme de la fumée au souffle du Russe? Parce qu'ils ne cherchaient pas la force qui vient du Seigneur. Et l'Eternel, Dieu des armées, leva son bras contre eux. Et son bras est encore levé. Insensés, à genoux! Criez: Pitié, grâce! A genoux devant votre patronne la sainte Vierge! (*Il montre la chapelle.*)

LES CHASSEURS ET LES MONTAGNARDS.

Que Dieu ait pitié de nous! (*à genoux*). Homme de Dieu, priez pour nous!

LE PÈRE MARC (*à genoux et une croix à la main*).

Vierge bienheureuse! Aux jours du péril, nos rois déposaient sur ton autel leur antique couronne et tu la leur rendais plus brillante que jamais. Nous déposons à tes pieds nos vies et nos espérances; ton fils naquit parmi les bergers, il révéla aux petits ce qu'il cache aux grands. Vois ce peuple de pâtres! Vois leurs mains tendues vers toi, comme autant de fleurs desséchées demandant une goutte de la rosée de miséricorde.

Révèle-nous le moyen de sauver notre patrie. Ne souffre pas que tout un peuple tombe égorgé comme un seul homme, ton fidèle peuple polonais ! Et, s'il a péché, prends notre sang en expiation, punis-nous, pardonne enfin à la Pologne !

LES CHASSEURS ET LES MONTAGNARDS.

Ainsi soit-il.

LE PÈRE MARC.

Et maintenant, levez-vous ! Qu'il soit maudit celui qui jette un seul regard en arrière ; qu'il ne puisse jamais regarder son Dieu face à face ! (*Les chasseurs et les montagnards se forment en détachements et se mettent en marche.*)

LE PALATIN (*à Pulawski et à de Choisy*).

Vous irez par les ravins à gauche. Vous laisserez ces gens dans l'aqueduc souterrain qui communique avec le couvent des Pères Carmes. Nous nous réunirons dans les caves des Carmes. Les bourgeois nous y attendent. Nous nous concerterons.

ZBROY (*en accourant*).

Monseigneur ! le comte Adolphe ! le comte Adolphe !

SCÈNE V

LES MÊMES et le comte ADOLPHE, *qui, traversant la foule, accourt vers le Palatin et lui parle à voix basse.*

PULAWSKI, DE CHOISY.

Qu'est-ce ? Vous paraissez consterné, Adolphe.

LE PALATIN *fait signe à Adolphe de se taire.*

Rien. Ce n'est rien. Partez ! Silence ! Disparaissez sous terre comme des blaireaux, enfoncez-vous dans les forêts comme des écureuils ! Pas de coups de fusil, pas un mot. (*Pulawski et de Choisy sortent avec le reste des montagnards et des chasseurs.*)

LE PALATIN (*à Adolphe*).

Tu dis donc qu'il arrive ici et qu'il ne sait rien?

ADOLPHE.

Il paraît ne rien soupçonner. Il veut voir la chasse. Il vient avec des femmes, avec ma sœur. C'est une partie de plaisir.

LE PALATIN.

Zbroy, laissez ici une trentaine de chasseurs, les plus déterminés. (*Zbroy part*) — Adolphe, c'est bon ; partez, prenez un autre chemin. Partez seul pour la ville. Je reste ici. Il faut les recevoir. (*Adolphe sort.*)

SCÈNE VI

LE PALATIN, *seul.*

Je les tiens donc ! Si je le faisais... Non, sa disparition donnerait l'alarme à la garnison ; elle serait sur ses gardes... Non, dissimulons encore une fois... Ah ! aucun de mes ancêtres n'était dans le cas de dissimuler. Ils ne savaient pas ce que c'est. Hier, j'étais sur le point de me trahir... comment contenir cette couvée de serpents qui sortaient déjà en déchirant mon sein... Mais dissimulons encore... oui !... Cependant, si je m'aperçois qu'il devine, non... si je découvre sur sa figure le moindre soupçon... ils périront ! Advienne que pourra. Zbroy, Joussouf, Séid ! (*Zbroy, Joussouf, Séid s'approchant.*) Le général russe va bientôt venir ici.

ZBROY.

Oui, le comte Adolphe l'a dit, et madame...

LE PALATIN.

Vous ne parlerez ni avec le général, ni avec personne de sa suite. S'ils demandent quelque chose, vous répondrez par un signe de tête.

ZBROY, JOUSSOUF ET SÉID.

Oui, monseigneur.

LE PALATIN.

Il faut qu'ils ne s'aperçoivent pas de ce qui s'est passé ici. Nous aurons l'air de souper tranquillement après la chasse. Là... (*en montrant la maison*).

ZBROY, JOUSSOUF ET SÉID.

Oui, monseigneur.

LE PALATIN.

Trois de nos gens s'attacheront à chaque personne de la suite du général, et l'observeront de près, en silence.

ZBROY, JOUSSOUF ET SÉID.

Oui, monseigneur.

LE PALATIN.

Vous me regarderez, moi. Si je fais un signe avec mon bonnet, et que je prononce ces mots : le Palatin va à Bar... ces mots, entendez-vous ?

ZBROY, JOUSSOUF ET SÉID.

Oui, monseigneur.

LE PALATIN.

Alors, vous vous jetterez chacun sur le sien. Vous les tuerez tous, hommes, femmes, domestiques. Vous les précipiterez dans le ravin ! Qu'il n'en reste aucune trace.

JOUSSOUF ET SÉID.

Oui, monseigneur.

ZBROY.

Comment ? les femmes ?

LE PALATIN.

Tout le monde.

ZBROY.

Mais, monseigneur... mais madame la Comtesse ? madame votre fille ? Le comte Adolphe dit qu'elle aussi...

LE PALATIN.

J'ai dit : tout le monde !

ZBROY.

J'entends, monseigneur. (A part.) Mon Dieu, qu'est-ce ? Qu'allons-nous devenir ?

FIN DU DEUXIÈME ACTE

JACQUES JASINSKI

ou

LES DEUX POLOGNES

TRAGÉDIE EN CINQ ACTES

PERSONNAGES

L'HETMAN DE LITHUANIE, homme de quarante-cinq ans.

L'ÉVÊQUE DE LIVONIE, oncle de l'Hetman.

MADAME CLAIRE, jeune veuve, de vingt cinq ans. Nièce de l'Évêque et parente de l'Hetman.

JACQUES JASINSKI, colonel de l'armée polonaise, jeune homme de vingt-deux ans, maigre et pâle.

LE GRAND-RÉFÉRENDAIRE DE LITHUANIE, vieillard de soixante-dix ans, en uniforme.

LE COMMANDEUR DE MALTE, fils du Référendaire, jeune homme du même âge que Jasinski, en habit français.

STANISLAS ROMBA, vieux gentilhomme au service de madame Claire.

UNE SŒUR GRISE.

La scène se passe à Vilna, au palais de l'évêque de Livonie,
sur les bords de la Wilia,
en l'an 1794.

JACQUES JASINSKI

ou

LES DEUX POLOGNES

ACTE PREMIER

L'appartement de madame Claire; un petit salon orné de vieux portraits
avec une porte au fond et deux autres portes de côté : celle de droite
reste ouverte, celle de gauche fermée.

SCÈNE PREMIERE

MADAME CLAIRE, — *en habit noir à la polonaise, sur la tête
un petit bonnet carré orné d'une aigrette,— est assise sur un
sofa et file au rouet.— A ses pieds,* STANISLAS, *en habit
polonais, le sabre au côté, assis sur un petit coussin, tient
un théorbe, c'est-à-dire une espéce de guitare de la gran-
deur d'une harpe.*

STANISLAS, *en posant à terre son théorbe.*
Non, madame Claire, ça ne va pas. Ma main ne vaut plus
rien ; mes doigts errent sur ces cordes, comme je m'égarais

ce matin dans les rues de Vilna; pauvre campagnard que je suis, je ne vaux rien ici à Vilna.

MADAME CLAIRE.

Tu te sens fatigué. Eh bien, chante-moi la marche de mon aïeul, c'est court.

STANISLAS.

Non, je ne suis plus digne de toucher à cet instrument. Adieu, mon vieil ami! Tu resteras comme ce sabre, tu ne seras plus pour moi qu'un souvenir, qu'un *memento mori*.

MADAME CLAIRE.

Stanislas, tu deviens mutin! Depuis tant d'années je suis habituée à entendre chaque soir tes chansons. C'est mon pain quotidien. Il faut que tu chantes. Ce théorbe et ce rouet me rappellent la vie de château. Je me croirai à la campagne.

STANISLAS.

Dieu sait comme j'aimais à vous chanter! Sans vous j'aurais brisé il y a longtemps mon théorbe. Ah! chère maîtresse, vous êtes seule digne d'apprécier nos mélodies nationales; vous êtes la seule qui preniez plaisir à les entendre. La vieille Pologne chansonnière n'a plus que vous pour tout auditoire. Et ces autres dames qui ne parlent plus la langue de leurs mères, qui inventent je ne sais quel jargon, et qui, au lieu d'avoir des musiciens, jouent elles-mêmes muettes devant une machine, comme des orgues de barbarie.

MADAME CLAIRE.

Eh bien, raconte-moi quelque légende, par exemple celle du Grand-Duc Jagellon.

STANISLAS.

Ni chanter, ni raconter! — Non; ah! pauvre théorbe! Savez-vous qu'on se moque ici de ce théorbe ! Je n'ose plus l'apporter dans votre chambre. Il n'y a que les piqueurs de l'Hetman qui me prient de leur en jouer. Jouer devant les piqueurs ! Je ne l'apporterai plus ici, mais si nous revenons à la campagne...

MADAME CLAIRE.

Ah ! mon vieux, tu es capricieux comme ton instrument ! Tant que nous étions à la campagne, tu ne faisais que me vanter les magnificences de Vilna, les revues de troupes, les splendeurs des bals de la noblesse.

STANISLAS.

Qui aurait prévu cela ? Mais depuis la mort du prince, votre père, je n'ai pas quitté d'un pas votre château. Je ne savais pas que la Pologne eût tellement changé, ou plutôt qu'il n'y a plus de Pologne. Oui, il me semble qu'une bonne nuit on nous a volé notre vieille Pologne, et, à mon réveil, qu'ai-je trouvé ? L'armée en fracs comme des singes, en habits et en perruques, et des femmes avec des queues ! Mais c'est une diablerie, madame, je n'y conçois rien. La tête m'en tourne. Savez-vous que depuis une semaine je ne dors plus, ce qui ne m'est jamais arrivé depuis la mort de votre père qu'une seule fois, lorsque vous étiez malade. Je suis sûr que je mourrai ou que je perdrai la raison et me travestirai. Car il est dangereux de regarder les possédés, on en devient quelquefois possédé à son tour.

MADAME CLAIRE.

Si tu es vraiment aussi malheureux ici, retourne à mon château. Si tu a le courage de me quitter, Stanislas, il m'en coûtera de me séparer de toi, mais je ne veux pas que tu meures pour mon plaisir.

STANISLAS.

Moi, vous quitter ! De ce jour, où l'un de vos ancêtres, il y a quatre cents ans, créa noble un de mes ancêtres sur le champ de bataille, de ce jour les nôtres ont toujours suivi les vôtres. Je ne peux pas plus vous quitter qu'un houblon ne peut fuir sa haie protectrice. Mais, si j'ose vous donner un conseil, retournons ensemble au château, quittons cette ville diabolique. Vraiment, il me semble que nous nous sommes égarés dans un marais, et que tout ce que nous voyons n'est qu'une illusion du diable ; je croirais à une Vilna postiche si je ne voyais ici les églises et les croix.

MADAME CLAIRE.

Et dans notre château tu étais inquiet comme un oiseau de passage, enfermé parmi les poules. Tu ne cessais de dire que j'enterrais ma jeunesse, que le Palatinat n'était pas digne de posséder une telle beauté. Je devais absolument aller dans la capitale : tous les seigneurs se disputeraient pour obtenir un seul de mes regards ; le roi tomberait amoureux de moi. Ah ! il paraît que j'ai perdu beaucoup à tes yeux, et tu n'oses me montrer pas plus que ton théorbe.

STANISLAS.

Je n'étais pas seul à le dire. La noblesse, tout le Palatinat, vous adore, mais ces campagnards je ne les croyais pas dignes de vous. Maintenant je vois qu'ils valent mieux que ces fous de Vilna. Même feu votre mari, de bienheureuse mémoire, s'il n'eût été ivrogne et fou, Dieu lui pardonne ! je le préférerais à ces canailles de perruquiers avec leur rouge et leurs mouches sur la figure. Fi! quelle honte! mon Dieu, sont-ce les enfants des héros que j'ai chantés et dont j'ai connu quelques-uns. Où voir à présent ce Pulawski à l'œil de faucon, à la poitrine de lion? Où est Sawa qui tua un taureau d'un coup de poing? Ah! ils sont tous morts! Ma bonne Claire, je vous ai crue la dernière Polonaise, je crains bien que vous ne soyiez le dernier Polonais. Je ne vois dans cette foule que votre figure qui me rappelle les traits de ces vieux héros, et votre âme je la connais!

MADAME CLAIRE.

Mon oncle l'évêque me retient ici. Il est mon tuteur.

STANISLAS.

Un évêque qui porte un frac!

MADAME CLAIRE.

Parmi ces jeunes gens que tu méprises tant, tu vois cependant l'Hetman de Lithuanie, l'ancien ami et collègue du célèbre Pulawski. Tu as toi-même composé des chants sur ses exploits. Celui-là n'est pas un singe. Il t'estime beaucoup.

STANISLAS.

Il est brave et il ressemble à un homme. Mais depuis le temps où je l'ai vu combattre à côté de Pulawski, il a changé lui aussi.

MADAME CLAIRE.

Je l'espère.— Il était alors tout jeune, presque enfant.

STANISLAS.

Et cependant il m'avait l'air bien plus grave et plus digne; le contact des comédiens l'a gâté. Il a dans ses manières un je ne sais quoi qui est loin...

MADAME CLAIRE.

C'est le seul homme qui me plaise ici. — J'aime sa fierté, son courage, et puis il me convient, il n'est plus de la première jeunesse.

STANISLAS.

Il vous plaît ? — Mais vous avez promis autrefois votre main à M. le Commandeur, fils du Grand-Référendaire. Il existe même un pacte par écrit. Monsieur le Référendaire sera bien désolé de ce changement : c'est dommage. Je ne connais pas le fils, mais le père est un vrai seigneur de la vieille roche.

MADAME CLAIRE.

Je ne connais pas non plus le Commandeur. Lors de mon veuvage, l'Evêque mon tuteur, m'a proposé ce parti. Tu sais que j'ai été élevée dans l'obéissance. J'ai obéi, l'Evêque lui-même m'a fait souscrire un acte; mais le Commandeur voyage je ne sais où. On dit que c'est un homme léger et d'une mauvaise conduite. Je suis enchantée que l'Evêque ait changé de projet, car, si je dois me remarier, je préférerais l'Hetman.

STANISLAS.

Son Eminence, l'Hetman et le Référendaire doivent bientôt venir.

MADAME CLAIRE.

Ici ?

STANISLAS.

Oui, car ils ont à parler en secret, et votre appartement est plus solitaire. Le palais est toujours rempli d'un tas de gens, de visiteurs.

MADAME CLAIRE (*avec mystère en montrant la porte de gauche*).

As-tu dit à ces messieurs-ci de ne faire aucun bruit?

STANISLAS.

Oui. Et puis il y a quatre portes entre ce salon et leur chambre. Resteront-ils encore longtemps?

MADAME CLAIRE.

Jusqu'à ce que le danger soit passé et qu'ils trouvent quelqu'autre asile; car il y va pour eux de la vie. Aucun domestique, personne au palais ne soupçonne-t-il rien?

STANISLAS.

Rien. Dès le moment où nous les avons fait sortir du canot et entrer par la fenêtre, ils ne l'ont pas ouverte; et puis les fenêtres donnent sur le fleuve de la Wilia. Personne ne peut les voir et je garde bien votre appartement.

MADAME CLAIRE.

C'est bon. (*On entend du bruit.*) On vient. Je vous laisse seuls. Quand on sera parti, tu feras servir à dîner à ces messieurs. (*Montrant la porte de gauche.*) — Mais aie soin d'abord de fermer toutes les portes.

STANISLAS.

Bien! bien!— Cependant tâchez de les renvoyer bientôt. Si cela se découvrait! Je vous connais, madame, mais le monde, qui n'est pas digne de vous connaître, pourrait vous mal juger. (*Madame Claire sort.*)

SCÈNE II

L'ÉVÊQUE de LIVONIE ; le RÉFÉRENDAIRE ;
l'HETMAN ; STANISLAS.

L'ÉVÊQUE.

Monsieur le Référendaire, mon honorable ami et cher parent, je vous ai amené dans ces appartements solitaires ; nous serons plus libres ici. Nous allons parler d'une affaire de famille. Prenez place, je vous prie. (*On s'assied.*) M. Stanislas Romba, le feu père de madame Claire vous a nommé co-tuteur de sa fille. Nous allons parler de notre commune pupille. Vous avez voix au conseil. Asseyez-vous.

STANISLAS.

Le Prince, feu mon maître, que Dieu bénisse ! m'a fait cet insigne honneur. Votre Eminence sait que dans deux cas seulement j'ai été investi du droit d'émettre mon opinion, à savoir : sur le choix des instituteurs de mademoiselle et sur le choix de son mari.

L'ÉVÊQUE.

Ce n'est pas le moins essentiel. Mais au fait, nous avons promis la main de notre Claire au fils de M. le Référendaire, avec le consentement de notre pupille.

LE RÉFÉRENDAIRE.

Je tiens infiniment à cette union. Mais, puisqu'il s'agit ici d'une affaire si délicate, je prierai monsieur l'Hetman de nous laisser pour un moment. Cela pourrait l'ennuyer.

L'HETMAN.

Au contraire, j'y prends le plus vif intérêt. Car pourquoi
ces préliminaires? Parlons franchement.

L'ÉVÊQUE.

Je vous prie, mon neveu, de nous laisser un moment, un
moment. (*Il l'emmène vers la porte du fond.*)

SCENE III.

LES MÊMES, *excepté* l'HETMAN.

L'ÉVÊQUE.

De notre côté nous désirions ardemment ce mariage, et la
preuve en est que nous avons stipulé, par un acte, pour le cas
de rupture de nos engagements, cession de certaines terres et
sommes d'argent à la charge de celui qui provoquerait la rupture.

LE RÉFÉRENDAIRE.

Auriez-vous envie de casser cet acte? Madame Claire au-
rait-elle changé de projet?

L'ÉVÊQUE.

Pas le moins du monde. Mais vous savez il y a longtemps
que nous avons conclu cet engagement. M. le Commandeur, votre fils, devait venir bientôt, et nous ne le voyons
pas. Il voyage toujours. Les années se passent. Une jeune
femme ne peut pas ainsi attendre. Il écrit, il est vrai, mais paraît peu pressé de faire sa connaissance. Au fait, il n'y a rien
d'étonnant, quand on est jeune, beau garçon, et à l'étranger.

LE RÉFÉRENDAIRE.

Je sais qu'il circule des bruits fâcheux sur la conduite de mon fils. A son retour, il subira une enquête sévère. Nous verrons s'il est digne d'une telle épouse. Car, Éminence, le bonheur de madame Claire m'est aussi cher que celui de mon enfant. Elle est fille de mon ancienne amie, elle est d'un mérite rare, messieurs, oui d'un mérite rare. Je l'aime comme ma fille et je l'estime comme ma sœur.

L'ÉVÊQUE.

Il ne s'agit pas de cela. Eh, mon Dieu! si le Commandeur a des maîtresses, s'il joue un peu; eh! grand Dieu, qui de nous n'a pas fait des folies?

LE RÉFÉRENDAIRE.

Moi, monsieur l'Évêque; j'ai déjà assez de péchés sans prendre sur moi ceux que vous me supposez, dont je ne suis nullement coupable et que je ne souffrirais pas dans mon fils. Si je le trouve tel que vous le croyez, il ne sera pas le mari de Claire.

L'ÉVÊQUE.

Mais encore une fois, ce n'est pas de cela qu'il s'agit. Mais voyez, monsieur le Référendaire, chaque époque a ses mœurs, ses goûts. M. le Commandeur qui a tant voyagé, tant vu, peut revenir avec d'autres idées sur le mariage en général, et sur les qualités de sa future en particulier. Il aura le droit d'être exigeant.

LE RÉFÉRENDAIRE.

Que peut-il exiger de plus sous le rapport de la naissance ou de la fortune, sans parler des qualités personnelles?

L'ÉVÊQUE.

Vótre fils est un seigneur accompli. Il passe sa jeunesse dans le grand monde. C'est un bel homme et un homme d'esprit : je l'ai rencontré à Berlin où il faisait fureur, et il serait possible qu'il ne trouvât pas dans ma nièce tout ce qu'il a le droit d'exiger.

LE RÉFÉRENDAIRE.

Il serait donc bien sot et de mauvais goût. Je ne connais pas dans la chrétienté d'homme, je ne dis pas trop élevé, mais assez élevé, pour être digne de Claire.

L'ÉVÊQUE.

Je vous remercie ; cependant il faut avouer que son éducation se trouve assez négligée. C'est un peu ma faute ; mais malheureusement j'ai été si occupé des affaires publiques, et puis son père nous laissait seulement le droit de présenter les gouverneurs, et à M. Stanislas Romba que voilà, celui de les accepter ou de les renvoyer. Or monsieur s'obstinait à renvoyer tous les étrangers. Feu le prince était un original. Mais enfin, n'en parlons plus : le mal est fait.

STANISLAS.

Si j'ai bien compris, Votre Éminence est fâchée qu'on n'ait pas appris à madame Claire toutes ces belles choses que savent les dames de Vilna. Mais, sauf votre respect, Votre Éminence est seule de son avis. M. le Référendaire et le Palatinat entier pensent autrement. Tous nos paysans, toute notre noblesse, aiment madame Claire ! Il faut voir comme madame Claire est en honneur chez tous les nobles. Une personne pieuse, vertueuse, et qui sait par cœur toutes les histoires que je connais, et j'en connais assez. Si elle ne saute pas assez haut, si elle ne parle pas une dizaine de langues, comme un possédé, c'est que feu le prince son père, que Dieu bénisse ! ne voulait pas faire de sa fille une tour de Babel ni une comédienne, monsieur l'Évêque.

L'ÉVÊQUE.

Ne vous fâchez pas, monsieur Romba. J'ai dit que ce qui est fait est fait. Comme nous sommes sur ce chapitre, vous ferez bien de ne pas la laisser courir seule les églises, les hôpitaux. Et pour ne pas paraître comédienne, elle devrait quitter cet habit de l'autre monde et porter l'habit de tout le monde.

STANISLAS.

Mademoiselle ne sort jamais que je ne l'accompagne, monsieur. Je ne me connais pas en habits de femme aussi bien que Votre Éminence.

L'ÉVÊQUE.

Mon bon Stanislas, nous en reparlerons plus tard. (*Stanislas sort.*) Maintenant, monsieur le Référendaire, voici l'affaire en deux mots. Supposons le cas, car il faut tout prévoir, supposons que monsieur votre fils éprouve de la répugnance pour Claire. J'espère que vous ne voudrez pas le forcer.

LE RÉFÉRENDAIRE.

Pourquoi supposer cela ? Attendons, il va revenir bientôt, nous verrons ; à moins que madame Claire n'ait quelqu'un en vue.

L'ÉVÊQUE.

N'oublions pas que je suppose seulement un cas ; or si nous avons le malheur de nous trouver dans ce cas, j'oserai vous proposer un autre parti pour M. le Commandeur. Vous connaissez ma cousine, la sœur de l'Hetman. Elle est d'une beauté, d'un esprit, enfin vous la connaissez. A Pétersbourg elle n'a eu qu'à paraître pour éclipser toutes les dames de la cour de l'Impératrice, une cour qui donne maintenant le ton à l'Europe, depuis que Versailles est devenu le repaire du Jacobinisme. Il faut vous dire que le comte Zoricz, favori actuel de l'Impératrice, voulait l'épouser.

LE RÉFÉRENDAIRE.

Cet infâme oser...

L'ÉVÊQUE.

Je vous assure que les princes souverains d'Europe seraient heureux de donner leurs filles à Zoricz.

LE RÉFÉRENDAIRE.

Par le temps qui court, c'est possible.

L'ÉVÊQUE.

Mais cela répugnait à l'Hetman. Il a certaines idées dans le genre des vôtres. Enfin je comprends cela. Et puis ça nous aurait mis, à l'égard de l'Impératrice, dans une position... Enfin je préférerais la voir épouser monsieur votre fils. Elle a trois millions de dot.

LE RÉFÉRENDAIRE.

Je préférerais pour mon fils madame Claire.

L'ÉVÊQUE.

Pourvu qu'elle lui plaise. Ah, mon Dieu ! Je garde la sœur de l'Hetman en réserve. Vous voyez comme je tiens à l'honneur d'être votre parent. J'avoue que ce mariage avancerait singulièrement mes projets patriotiques. Vous connaissez ma position actuelle dans le pays. Vous savez ce que peut maintenant l'Hetman et à quoi il peut aspirer un jour. Enfin notre famille dirige aujourd'hui les affaires du Grand-Duché : c'est un fait. Votre famille est une des plus puissantes, vous avez de nom-

breux partisans : c'est un fait. Il existe entre nous des diver-
gences, je le sais. Mais si nous nous lions ensemble, si
nous cimentons notre alliance par ce mariage, nous pourrons
assurer d'abord la tranquillité du pays, puis...

LE RÉFÉRENDAIRE.

C'est vous, monsieur l'Évêque, qui soulevez cette question ir-
ritante. Vous me mettez dans la nécessité de m'expliquer. Je
vous dis donc que loin de partager vos opinions en politique,
je les combattrai toujours, partout, et de toutes mes forces. Et
si un mariage quelconque pouvait influencer les opinions de
mon fils, je ne permettrais jamais un tel mariage. Je ne suis
nullement flatté d'une alliance aussi proche avec l'Hetman.

L'ÉVÊQUE.

Très-bien. Un homme comme vous ne doit pas changer lé-
gèrement d'opinion. Expliquons-nous franchement. Nous avons
tous les deux le plus grand intérêt à nous comprendre. Discu-
tons nos opinions, sauf à embrasser celle qui nous paraîtra la
mieux fondée. Qu'avez-vous donc à nous reprocher à moi et à
l'Hetman, voyons ?

LE RÉFÉRENDAIRE.

Vous m'obligez à me charger du rôle de grand instigateur
de Lithuanie ? Je ne suis que grand juge.

L'ÉVÊQUE.

Eh bien, quels motifs avez-vous de nous juger si sévère-
ment?

LE RÉFÉRENDAIRE.

D'abord pourquoi M. l'Hetman prend-t-il le titre de général
russe, au mépris de la loi de 1566, qui condamne ceux...

L'ÉVÊQUE.

Il est général russe pour avoir le droit de commander les troupes russes qui remplissent le Grand-Duché. C'est comme si l'on m'imputait à crime de recevoir une pension de l'Impératrice. -

LE RÉFÉRENDAIRE.

Vous ? recevoir une pension ? Il fallait votre aveu pour y croire. Vous, sénateur de la République. Grand Dieu ! Mai vous avez un demi-million de revenu.

L'ÉVÊQUE irrité.

Et j'accepte une misérable pension, et je fais dire cela à tout le monde pour ameuter contre moi l'opinion, pour donner ainsi à l'Impératrice un gage de fidélité. Elle me croit vendu à la Russie.

LE RÉFÉRENDAIRE.

Certes, ce n'est pas vous qui êtes acheteur.

L'ÉVÊQUE.

J'achète la protection de la Russie, et je vous dirai pourquoi, monsieur le Grand-Juge. Nous sommes chefs de deux partis. Nous traiterons entre nous comme des monarques, sans l'entremise de ministres. Dépouillons toutes les formes diplomatiques : je vous dévoilerai tous les motifs de ma conduite, je vous préciserai mon but. J'attends de votre part la même franchise.

LE RÉFÉRENDAIRE.

Je n'ai jamais été diplomate, monsieur. Mes opinions sont connues. Je ne les ai pas créées, moi ; je ne fais que suivre les opinions de mes ancêtres.

6

L'ÉVÊQUE.

Hélas, les temps sont changés! Vous connaissez l'état de notre République.. Le roi est vieux, il peut mourir d'un jour à l'autre. Après sa mort, les puissances qui nous environnent et qui nous oppriment ont le projet de ne plus permettre une nouvelle élection, et de se partager entre eux notre pays. Je vous communiquerai les correspondances diplomatiques qui prouvent l'existence d'un tel projet. On a déjà pris d'avance des mesures pour l'exécuter.

LE RÉFÉRENDAIRE.

Depuis qu'il existe des Etats indépendants, ils sont toujours menacés par leurs voisins. Nos ancêtres se sont défendus, nous nous défendrons de même.

L'ÉVÊQUE.

Sommes-nous en état de nous défendre contre trois puissances de premier ordre? Avons-nous des alliés? — La Prusse, par sa position géographique, reste à la merci de la France; elle se défie de l'Autriche, elle gravitera toujours vers la Russie. L'Autriche craint, il est vrai, la Russie, mais elle craint mille fois plus le jacobinisme français; elle sait qu'elle sera dévorée un jour, mais la Russie la mange par petits morceaux, elle mettra cent ans à dévorer l'empire Autrichien, tandis que la France peut l'engloutir d'un seul coup. L'Autriche commencera par nous jeter à la Russie pour l'occuper pendant quelque temps.

LE RÉFÉRENDAIRE.

Ainsi, menacé par trois ennemis mortels, au lieu de vous défendre, vous n'êtes occupé qu'à choisir le genre de mort et la main par laquelle vous devez périr ; vous tendez la gorge à celui qui est le plus acharné.

L'ÉVÊQUE.

Et le plus puissant Pour sauver notre indépendance, je ne vois qu'un seul moyen, c'est d'offrir, après la mort du roi, la couronne à l'un des petits-fils de l'Impératrice, au grand-duc Alexandre ou à Constantin. Le roi pense de même, nos meilleurs hommes d'État pensent de même. L'Impératrice ayant établi sa dynastie sur notre trône, aura intérêt à nous protéger. On nous laissera le temps de nous réorganiser, et nos fils ou nos petits-fils trouveront l'occasion de se délivrer de cette protection. L'Espagne n'est pas devenue esclave de la France pour avoir accepté des Bourbons sur le trône.

LE RÉFÉRENDAIRE.

Et vous osez mettre sur le même pied l'alliance avec le roi très-chrétien, le fils aîné de l'Église, le premier gentilhomme de l'Europe, et l'alliance avec un despote du rite grec. Votre Russie sera-t-elle fidèle à sa parole ? Quelle religion, quel honneur l'empêchera de se parjurer ? — Mais ne parlons pas de cela. — Je vous demanderai seulement quels droits vous avez de conclure des alliances et de trafiquer de la couronne sans l'autorisation de la Diète. Savez-vous que la loi de 1561, confirmée par vingt-deux Diètes consécutives, regarde de telles menées comme crime de lèse-république.

L'ÉVÊQUE.

Il y a des circonstances où *salus populi suprema lex esto !* La Confédération de 1732, pour chasser les Saxons du pays, se mit sous la protection de Pierre Ier, et personne n'a mis en doute le patriotisme des confédérés. Les princes Czartoryski,

pour réorganiser la République et élever leur parent sur le
trône, réclamèrent le secours de la Russie.

LE RÉFÉRENDAIRE.

Les uns et les autres ont commis de grandes fautes. Mais ils
étaient innocents, légalement parlant. Ils avaient pour eux
des précédents; ils suivaient les usages reçus, qui permettaient
aux assemblées partielles d'exercer quelquefois la souveraineté.
Mais, après ces événements, la loi de 1747, confirmée par
l'article 2 de la Confédération de 1763, déclare traîtres à la
patrie tous ceux qui oseront réclamer des secours étrangers.

L'ÉVÊQUE.

Vous connaissez la pureté de mes intentions, et j'espère que,
si vous me jugiez, vous appliqueriez autrement la loi.

LE RÉFÉRENDAIRE.

Dieu vous préserve d'être cité jamais devant mon tribunal. La loi est formelle. Je vous condamnerais, tout en per-
mettant à votre confesseur de vous absoudre, vu la pureté de
vos intentions. Pour qu'un pays puisse vivre, il faut que les
lois vivent, monsieur.

UN LAQUAIS, *entrant.*

Son Excellence monsieur l'Hetman. (*Il sort.*)

L'ÉVÊQUE.

Notre conférence n'a fait que commencer. Nous reparlerons
de tout cela. Je n'accepte pas encore votre refus; je ne l'accepte pas. Pensez-y, et toujours dans la supposition que votre
fils ne soit pas contraire à nos projets.

SCÈNE IV

Les mêmes et l'HETMAN.

L'HETMAN.

Monsieur le Référendaire, je vous salue. C'est très-heureux que je vous rencontre.

LE RÉFÉRENDAIRE.

Je suis votre très-humble serviteur (*Il a l'air de vouloir sortir.*)

L'HETMAN.

Je désirais vous parler. Nous sommes voisins, nous étions autrefois amis, j'espère que nous le sommes encore un peu. Dites-moi, monsieur le Référendaire, pourquoi arrivez-vous à Vilna dans un tel temps? — Ce n'est pas le moment de tenir de grandes assises.

L'ÉVÊQUE.

Oui, oui! *Ubi arma sonant leges silent.*

L'HETMAN.

Vous feriez mieux de rester à la campagne. Le séjour de Vilna pourra vous être dangereux. C'est un conseil d'ami.

LE RÉFÉRENDAIRE.

Merci! — J'allais précisément avoir l'honneur de vous donner le même conseil.

L'HETMAN.

Vous me conseillez de partir d'ici?

LE RÉFÉRENDAIRE.

Oui; le séjour dans cette ville pourra vous être dangereux.

JACQUES JASINSKI

TABLE DES MATIÈRES

Imprimerie Rouge frères Dunon et Fresné, r. du Four-St-Germain, 43.

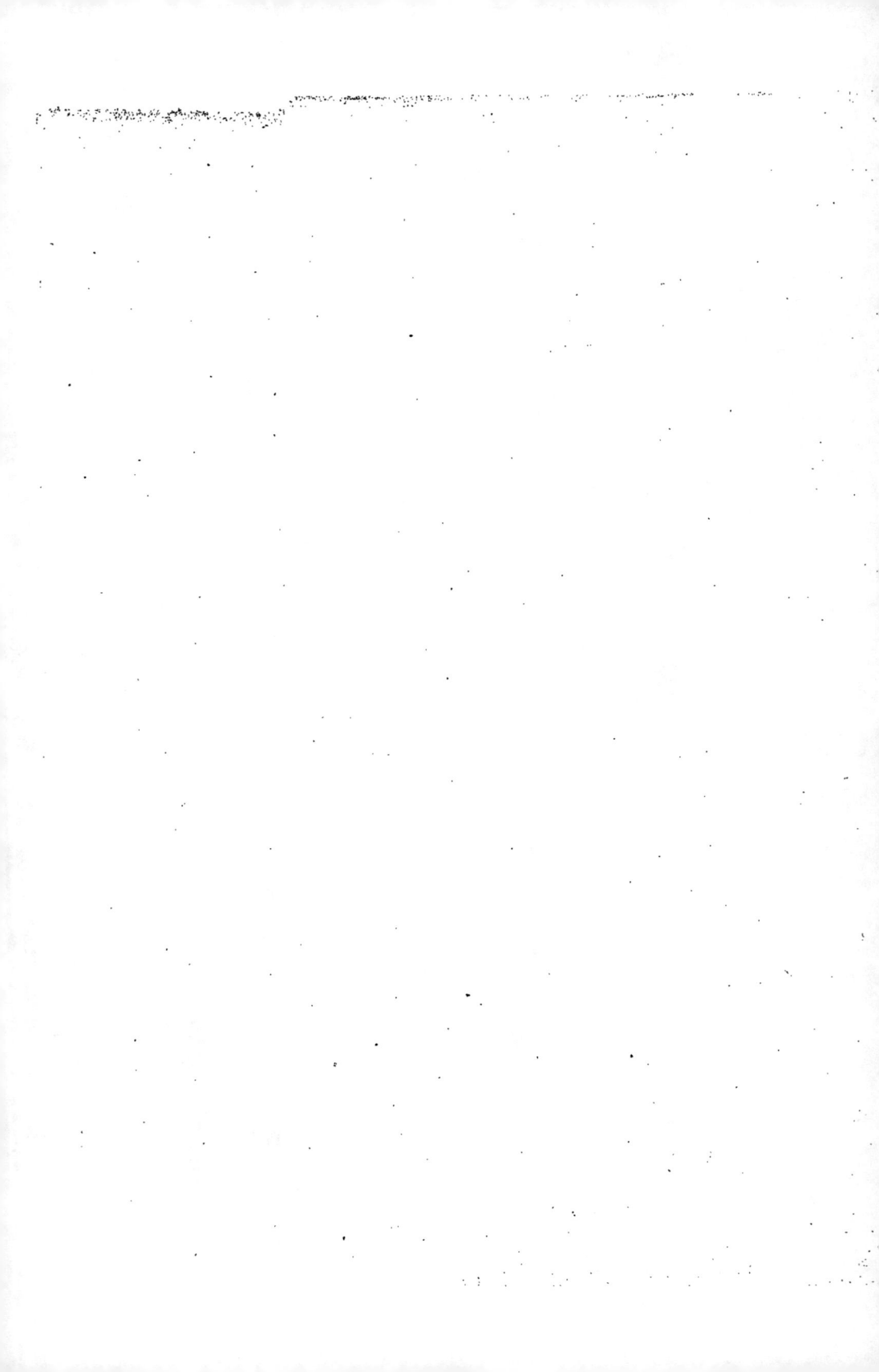